GIANTS OF SCIENCE · GIGANTES DE LA CIENCIA

MARIE CURIE

Pioneer in the Study of Radioactivity

Pionera en el estudio de la radioactividad

BLACKBIRCH PRESS

An imprint of Thomson Gale, a part of The Thomson Corporation

THOMSON

GALE

Detroit · New York · San Francisco · San Diego · New Haven, Conn. · Waterville, Maine · London · Munich

THOMSON

GALE

For more information, contact
The Gale Group, Inc.
27500 Drake Rd.
Farmington Hills, MI 48331-3535
Or you can visit our Internet site at http://www.gale.com

Photo credits: Corbis Images: Cover, 22-23, 25; British Nuclear Fuels: 6, 60; Central Electricity Generating Board: 59; E.T. Archive: 13; Exley Picture Library: Stefan Baluk 4, 8, 9 10, 14, 16, 18, 20, 24, 26, 29, 33, 39, 40, 41, 44, 53, 56 (bottom), Wojciech Broniarek 77; Imperial War Museum 55; National Radiation Board: 46; Ann Ronan Picture Library: 46; Solvay et Cie, Brussels: 54. Map drawn by Geoffrey Pleasance; paintings on cover and 36 and 56 (top) by Borin Van Loon.

The Publishers thank Curtis Brown of London for their kind permission to quote extracts from Eve Curie's biography of her mother Madame Curie; and William Collins, Sons & Co. Ltd. Of London for their kind permission to quote extracts from Robert Reid's biography of Marie Curie.

LIBRARY OF CONGRESS CATALOGING-IN-PUBLICATION DATA

Birch, Beverley.
　[Marie Curie. Spanish & English]
　Marie Curie / by Beverly Birch.
　　p. cm. — (Giants of science bilingual)
　Text in Spanish and English.
　Includes bibliographical references and index.
　ISBN 1-4103-0505-8 (hard cover : alk. paper)
　1. Curie, Marie, 1867–1934—Biography—Juvenile literature. 2. Women chemists—Poland—Biography—Juvenile literature. 3. Women chemists—France—Biography—Juvenile literature. I. Title. II. Series.

　QD22.C8B5718 2005
　540'.92—dc22

　　　　　　　　　　　　　　　　　　　　　　　2004026919

Printed in China
10 9 8 7 6 5 4 3 2 1

CONTENTS

CONTENIDO

Marie and Pierre Curie did their early work on radium in this laboratory, which they set up in a small shed.

Marie y Pierre Curie hicieron sus primeros trabajos sobre el radio en este laboratorio, que habían organizado en un pequeño cobertizo.

A Radiant Glow

It was a cold winter's night in Paris in 1902. Two people stood alone in a dark, freezing shed. Dozens of light rays glowed through the darkness. The two people in the shed were scientists named Marie and Pierre Curie. Marie had recently made an important discovery. The beautiful glow that filled the shed gave Marie a sense of pride and held the promise of new knowledge.

Marie had recently discovered the element radium. Radium is a glowing material that is found in some ores. Now, the Curies peered into tiny glass containers that held crystals of radium. Each tiny container had taken the Curies months of hard work.

Marie was delighted by the soft glow of radium. Finding the radium led to a new science and many new possibilities to explore. Radium is a very powerful element. The power of radium is called radioactivity. Radioactivity is a type of energy that has helped scientists improve the world.

The New Radioactivity

Today, scientists know a lot about radioactivity. They know how to use it, and they know how to make it. Radioactivity has many uses. It is used to improve paper, metal, and many other products. It is used as energy for submarines.

Radioactivity is also used in hospitals.

Un radiante resplandor

Era una fría noche de invierno en París, en 1902. Dos personas estaban solas, paradas en un cobertizo oscuro y helado. Docenas de rayos de luz resplandecían en la oscuridad. Las dos personas eran científicos, llamados Marie y Pierre Curie. Hacía muy poco que Marie había hecho un importante descubrimiento. El hermoso resplandor que llenaba el cobertizo también llenaba a Marie de orgullo y era una promesa de nuevos conocimientos.

Hacía muy poco que Marie había descubierto el elemento radio. El radio es un material que resplandece y que se encuentra en algunos minerales. En ese momento, los Curie estaban observando pequeñísimos envases de vidrio que contenían cristales de radio. Cada pequeñísimo envase les había costado a los Curie meses de duro trabajo.

Marie estaba encantada con el suave resplandor del radio. El descubrimiento del radio llevó a una nueva ciencia y a la exploración de muchas y nuevas posibilidades. El radio es un elemento muy potente. La potencia del radio se llama radioactividad. La radioactividad es un tipo de energía que ha ayudado a los científicos a mejorar al mundo.

La nueva radioactividad

Hoy día, los científicos saben mucho sobre la radioactividad. Saben cómo usarla y cómo producirla. La radioactividad tiene muchos usos. Se usa para mejorar papel, metal y muchos otros productos. Se usa como energía para los submarinos.

La radioactividad también se usa en los hospitales. Éste es uno de sus usos más importantes. La

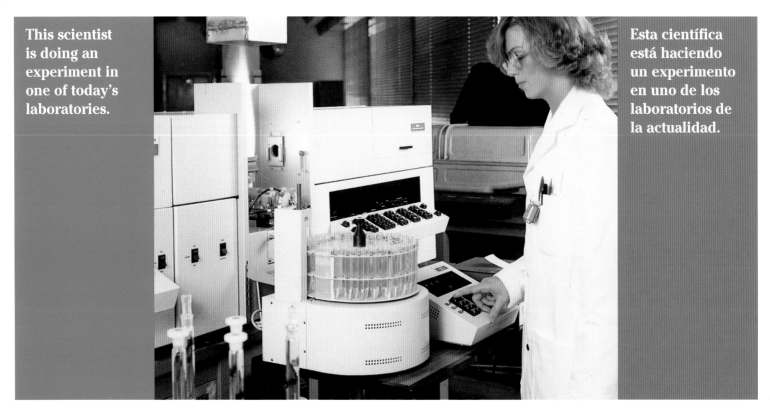

This scientist is doing an experiment in one of today's laboratories.

Esta científica está haciendo un experimento en uno de los laboratorios de la actualidad.

This is one of its most important uses. Radioactivity helps hospital workers clean equipment and remove germs. It also helps doctors find diseases in people and treat them. Radioactivity is used to treat people with a very harmful disease called cancer.

Before Marie Curie's time, scientists knew very little about radioactivity. They knew about a metal called uranium, though. Uranium gave off strange and powerful invisible rays. Marie Curie decided to explore these rays. She gathered all the different materials that could give off the rays. When she did, she discovered radium. Radium has much more powerful rays than uranium.

radioactividad ayuda a los que trabajan en hospitales a limpiar instrumentos y eliminar gérmenes. También ayuda a los médicos a encontrar y tratar enfermedades en las personas. La radioactividad se usa para tratar a gente con una enfermedad muy grave, el cáncer.

Antes de Marie Curie, los científicos sabían muy poco sobre la radioactividad. Lo que sí sabían era que había un mineral llamado uranio. El uranio emitía unos extraños y potentes rayos que eran invisibles. Marie Curie decidió explorar estos rayos. Reunió todos los diferentes materiales que podían emitir los rayos. Cuando lo hizo, descubrió el radio. El radio tiene unos rayos mucho más potentes que los del uranio.

The discovery of radium was of huge benefit to science. Radium helped scientists understand the atom. All the material in the universe is made up of atoms. Because atoms are the building blocks of all things, understanding how they work is very important.

Childhood in Poland

Marya Sklodowska was born on November 7, 1867. She was born in a house on a cobblestone street in Warsaw, Poland. Later, Marya Sklodowska became known as Marie Curie. But as a child, her family called her Manya. Marie, or Manya, had three older sisters, Sofia, Bronya, and Hela, and an older brother named Joseph.

At the time Marie grew up, the Sklodowskas lived in a few small rooms on the second floor of a girls' boarding school. The children's mother was the principal of the boarding school. Their home was always filled with the patter of small feet running up and down the staircases and on the floorboards above them.

Marie had a loving and happy family. She was close to her broth-

El descubrimiento del radio fue un enorme beneficio para la ciencia. El radio ayudó a los científicos a entender el átomo. Todo el material en el universo está formado por átomos. Como los átomos son los bloques fundamentales que forman todas las cosas, entender cómo funcionan es muy importante.

Niñez en Polonia

Marya Sklodowska nació el 7 de noviembre de 1867. Nació en una casa en una calle adoquinada de Varsovia, Polonia. Más tarde, Marya Sklodowska fue conocida como Marie Curie. Pero, de niña, su familia la llamaba Manya. Marie, o Manya, tenía tres hermanas mayores, Sofia, Bronya y Hela, y un hermano mayor, llamado Joseph.

Cuando Marie era pequeña, los Sklodowska vivían en unos pocos cuartos en el segundo piso de un internado de niñas. La madre de los niños era la directora del internado. En su hogar siempre resonaba el ruido de pequeños corriendo por las escaleras o en los pisos de arriba.

Marie tenía una familia cariñosa y feliz. Estaba muy unida a su hermano y hermanas, y se mantuvo

Marie Curie was born at 16 Freta Street in Warsaw, Poland.

Marie Curie nació en el número 16 de la calle Freta, en Varsovia, Polonia.

er and sisters, and she remained close to them for the rest of her life. Marie developed her love of learning as a child. Her family spent time together learning. The Sklodowskas taught their children to use their minds to explore the world.

Marie's father was a soft-spoken and quiet man, and he too loved learning about the world. He knew many languages—Polish, Russian, French, German, Greek, and Latin. He read books in these languages too. He even put some of these books into Polish words so that his children could enjoy the same books he enjoyed.

One day, when Marie was four years old, she stood on her tiptoes in front of a glass case in her father's study. Inside the case was a collec-

cerca de ellos durante toda su vida. De niña, Marie desarrolló su amor por el estudio. Su familia pasaba el tiempo aprendiendo cosas juntos. Los padres le enseñaron a sus niños a usar sus mentes para explorar el mundo.

El padre de Marie era un hombre tranquilo y de voz suave, que también amaba aprender sobre el mundo. Sabía muchos idiomas—polaco, ruso, francés, alemán, griego y latín. También leía libros en estos idiomas. Hasta escribió algunos de estos libros en polaco para que sus niños pudieran disfrutar los mismos libros que a él le gustaban.

Un día, cuando Marie tenía cuatro años, se paró en puntas de pie frente a un gabinete de vidrio en el estudio de su padre. Dentro del

Top: This plaque appears on the door of 16 Freta Street. It reads that Marya Sklodowska Curie was born in the house on November 7, 1867.

Bottom: Marie's father, Wladislaw Sklodowska, encouraged his children to read and learn.

W TYM DOMV PRZYSZŁA NA ŚWIAT
DNIA 7go LISTOPADA 1867 ROKV
MARYA SKLODOWSKA
CVRIE.
V 1898 R. ODKRYŁA PIERWIASTKI
PROMIENIOTWÓRCZE
POLON i RAD

Arriba: Esta placa se ve en la puerta del número 16 de la calle Freta. Dice que Marya Sklodowska Curie nació en la casa el 7 de noviembre de 1867.

Abajo: El padre de Marie, Wladislaw Sklodowska, animó a sus hijos a leer y aprender.

tion of tubes and bottles. There were also small dishes, a scale, tiny pieces of rock, and a mysterious-looking machine.

"What are they?" Marie asked her father. Her father told Marie that these were tools people used to study science. Marie got more and more curious about science. By the age of five, Marie could read well. She read everything she could, including stories, poetry, and history. Then, when she grew older, she began to read science books and scientific papers. She borrowed these books and papers from her father's library.

Troubled Times

Since the time Marie was born, her mother had suffered from a serious disease called tuberculosis. When Marie was six years old, her mother's disease grew worse. Marie's father tried to help his wife by sending her to a treatment center in France where she could rest and get well. Marie's mother stayed at the center for a year.

Marie's mother did not get well, however. In fact, when she

gabinete había una colección de tubos y botellas. También había pequeños platos, una balanza, pequeñísimos pedazos de roca, y una máquina de aspecto misterioso.

"¿Qué son?", le preguntó Marie a su padre. Su padre le dijo que esas cosas eran herramientas que la gente usaba para estudiar las ciencias. Marie sintió cada vez más curiosidad sobre las ciencias. Cuando tenía cinco años, Marie podía leer bien. Leía todo lo que podía, incluyendo cuentos, poesía e historia. Después, cuando era más grande, comenzó a leer libros de ciencias y artículos científicos. Marie tomaba prestados estos libros y artículos de la biblioteca de su padre.

Una época de problemas

Desde el nacimiento de Marie, su madre había sufrido de una grave enfermedad, llamada tuberculosis. Cuando Marie tenía seis años, la enfermedad de su madre se hizo aún más grave. El padre de Marie trató de ayudar a su esposa enviándola a un centro de tratamiento en Francia, donde ella podía descansar y mejorarse. La madre de Marie estuvo en el centro por un año.

Pero la madre de Marie no se sanó. En verdad, cuando volvió con su

Marie's mother was very ill with tuberculosis when this picture of her was taken.

La madre de Marie estaba muy enferma de tuberculosis cuando le sacaron esta foto.

Marie's father spent a lot of time reading to his children and helping them learn. Here he is with his daughters Marie, Bronya, and Hela (left to right.)

El padre de Marie pasaba mucho tiempo leyendo a sus niños y ayudándolos a aprender. Aquí se lo ve con sus hijas Marie, Bronya y Hela (de izquierda a derecha).

returned to her family, she looked even more weak and tired. The children worried about their mother. They knew she was very ill.

Then, some of the children at the boarding school got ill. These children had another serious disease, called typhus. Bronya and Sofia, Marie's sisters, caught typhus. Bronya slowly got better, but Sofia died. It was a cold Wednesday in January 1876 when Sofia died. She was only thirteen years old. Then two years later, Marie's mother died too. At the time, Marie was ten years old.

School Days

Marie was very sad after her mother and sister died. But she still loved to learn, and she did well at her schoolwork. Marie was very smart, and she could remember almost everything. She was a shy person who did not like to call attention to herself, but when she had questions about her studies, she was determined to learn the answers. Then, she did not seem shy at all.

At the end of the nineteenth century, Marie had trouble studying all the things she wanted to learn. There were troubles in her country that made studying difficult. For over 100 years, Poland had been divided into separate areas that were ruled by other countries. Marie lived in an area that was ruled by Russia.

The Polish people wanted to take power away from the Russian ruler. They wanted to control their own land. Each time the Polish people tried to take control, they lost their bat-

familia, se la veía todavía más cansada y débil. Los niños se preocuparon por su madre. Sabían que ella estaba muy enferma.

Después, algunas de las niñas en el internado se enfermaron. Estas niñas tenían otra enfermedad grave, llamada tifus. Bronya y Sofia, las hermanas de Marie, se enfermaron de tifus. Bronya lentamente se sanó, pero Sofia murió. Sofia murió un frío miércoles en enero de 1876. Tenía sólo trece años. Luego, dos años después, también murió la madre de Marie. Para entonces, Marie tenía diez años.

En la escuela

Marie estaba muy triste después de la muerte de su madre y de su hermana. Pero todavía le encantaba estudiar e hizo muy bien todas sus tareas. Marie era muy inteligente, y podía recordar casi todo. Era una niña tímida que no quería llamar la atención, pero cuando tenía preguntas sobre sus estudios, estaba decidida a conocer las respuestas. Entonces, no parecía tímida para nada.

A finales del siglo diecinueve, Marie tenía problemas en estudiar todas las cosas que quería aprender. Había problemas en su país, que hacían difícil estudiar. Por más de 100 años, Polonia había estado dividida en diferentes áreas que eran gobernadas por otros países. Marie vivía en un área que estaba gobernada por Rusia.

El pueblo polaco quería quitarle el control al gobierno ruso. Ellos querían gobernar su

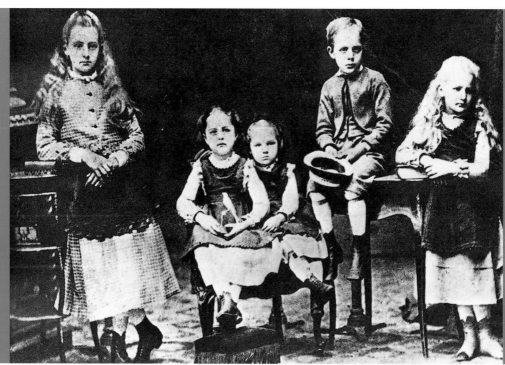

Marie was very close to her sisters and brother. In this picture are (left to right) Sofia, Hela, Marya (Marie), Joseph, and Bronya.

Marie estaba muy unida a sus hermanas y hermano. En esta foto están (de izquierda a derecha) Sofia, Hela, Marya (Marie), Joseph y Bronya.

tle. Some of these people were punished by the Russian ruler and forced to leave the country. Those who led the battle against Russian rule were put to death.

When Marie was growing up, the Russians made new rules to keep the Polish people under Russian control. The Russians tried to get rid of the Polish language and religion. Russian leaders were placed in the most important jobs in Poland. Teachers were not allowed to speak Polish or teach their students about Polish history and customs.

Marie's father spent time teaching his children at home, however. Every Saturday evening the family gathered in the study and the children listened to their father read. He read stories, poetry, and history from many different countries. It

tierra. Cada vez que el pueblo polaco trataba de tomar el control, perdía su batalla. Algunas personas eran castigadas por el gobierno ruso y forzadas a dejar su país. Los que habían dirigido la lucha contra el gobierno ruso eran condenados a muerte.

Cuando Marie era niña, los rusos hicieron nuevas reglas para mantener al pueblo polaco bajo el control ruso. Los rusos trataron de eliminar el idioma y la religión de los polacos. Se colocó a líderes rusos en los trabajos más importantes en Polonia. Los maestros no podían hablar polaco o enseñar a sus estudiantes la historia y costumbres de Polonia.

Pero el padre de Marie enseñaba a sus niños en su casa. Todos los sábados por la tarde, la familia se reunía en el estudio y los niños es-

This is a painting of Warsaw made in the late 1800s. It was painted by a man named Bernardo Bellotto.

Ésta es una pintura de Varsovia hecha a fines del siglo diecinueve. Fue pintada por un hombre llamado Bernardo Belloto.

was there in his study, by the light of an oil lamp, that Marie first learned of many famous books.

In 1883, when Marie was fifteen, she received a gold medal from her school. She had proved herself to be an excellent student. But at the time, girls in Poland were not taught the subjects they needed to learn to go to college. Only boys were taught those subjects, so only boys could continue their schooling. Joseph, Marie's brother, decided to continue his schooling and become a doctor. Joseph could study in Poland to become a doctor. But Marie

chuchaban a su padre leer. Leía cuentos, poesía e historia de muchos países diferentes. Fue allí, en el estudio, a la luz de una lámpara de aceite, que Marie conoció muchos libros famosos por primera vez.

En 1883, cuando Marie tenía quince años, recibió una medalla de oro de su escuela. Había demostrado ser una excelente estudiante. Pero, en esa época, a las muchachas en Polonia no les enseñaban las materias que necesitaban aprender para estudiar en una universidad. Sólo a los muchachos les enseñaban esas materias, por lo que sólo los muchachos podían continuar sus estudios. Joseph, el hermano de Marie, decidió continuar sus estudios y ser médico. Joseph podía estudiar en Polonia para ser médi-

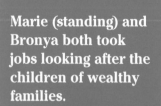

Marie (standing) and Bronya both took jobs looking after the children of wealthy families.

Marie (parada) y Bronya consiguieron trabajo cuidando a los hijos de familias ricas.

and her sisters had to go to another country if they wanted to study, and their father could not afford to send his daughters away to college. So Marie and her sisters set their minds on earning a living in Poland the best they could.

A Year in the Country

After Marie finished school, however, she did not feel ready to get a job right away. Marie felt tired from her studies and sad about her mother's death. Her father sent her to stay with relatives in the country to lift her spirits. "Rest," he told her. "Enjoy yourself. Come back refreshed."

Marie enjoyed her time in the country. She played games, picked wild strawberries, swam, and read books just for fun. "Sometimes, I laugh all by myself," she told a friend in a letter. Marie laughed because she was feeling happy and enjoying her time of rest.

When Marie was sixteen, she left her relatives in the country and went back to Warsaw. Now, it was time to earn a living. Marie's sisters decided to be teachers.

co. Pero Marie y sus hermanas tenían que irse a otro país si querían continuar estudiando, y su padre no podía pagar a sus hijas la universidad en otro lugar. Entonces, Marie y sus hermanas decidieron trabajar en Polonia para ganar dinero.

Un año en el campo

Sin embargo, luego de terminar la escuela, Marie no se sintió lista para empezar a trabajar enseguida. Marie se sentía cansada por sus estudios y triste por la muerte de su madre. Su padre la envió a vivir con unos familiares en el campo para levantarle el espíritu. "Descansa", le dijo. "Diviértete. Vuelve descansada".

Marie disfrutó su tiempo en el campo. Jugó, recogió fresas silvestres, nadó y leyó libros sólo para entretenerse. "A veces, me río sola", le dijo Marie a una amiga en una carta. Marie se reía porque se sentía feliz y estaba disfrutando su descanso.

Cuando Marie tenía dieciséis años, se fue de la casa de sus familiares en el campo y volvió a Varsovia. Ahora sí, era tiempo de ganarse la vida. Las hermanas de

They charged a small fee to give lessons to children in Warsaw families. Marie decided to do something different for a while.

The Floating University

Marie joined a group of young men and women called the Floating University. A university is usually a school like a college. But this Floating University was not a real college. It was a group of men and women who studied in secret. They sneaked into speeches given by teachers. They also got together in secret to discuss ideas and share books. These young students were determined to get the schooling they needed—and at any cost. They knew what they were doing could get them sent to prison. So one of the students kept watch for the police while the others did their work.

The Floating University was very popular. Many young people who lived in Poland at this time were eager to learn all they could. New ideas were

Marie decidieron ser maestras. Cobraban una pequeña cantidad de dinero para dar lecciones a los niños de familias de Varsovia. Marie decidió hacer algo diferente por un tiempo.

La Universidad Flotante

Marie se unió a un grupo de hombres y mujeres jóvenes, llamado la Universidad Flotante. Una universidad es generalmente una escuela. Pero esta Universidad Flotante no era una verdadera escuela. Era un grupo de hombres y mujeres que estudiaban en secreto. Escuchaban enseñar a maestros sin ser sus estudiantes. También se reunían en secreto para hablar sobre ideas y compartir libros. Estos jóvenes estudiantes estaban decididos a obtener la educación que necesitaban, a cualquier costo. Ellos sabían que lo que estaban haciendo los podía llevar a la cárcel. Por eso, uno de ellos tenía que vigilar por si venía la policía, mientras los otros estudiaban.

La Universidad Flotante era muy popular. Muchos jóvenes que vivían en Polonia en esa época ansiaban aprender todo lo que podían. Nuevas ideas se estaban propagan-

> 66 I have a lively memory of . . . the 'floating university.' . . . [I believe] that the ideas that then guided us are the only ones which can lead us to . . . progress. We cannot hope to build a better world without improving the individual. Towards this end, each of us must work toward his own highest development . . . [and] help those to whom we feel we can be most useful. 99
> —Marie Curie, in a letter written in 1924

> 66 Recuerdo bien . . . la "universidad flotante". . . . [Creo] que las ideas que nos guiaban entonces son las únicas que nos pueden guiar al . . . progreso. No podemos esperar construir un mundo mejor sin mejorar a los individuos. Con este fin, cada uno de nosotros debe trabajar hacia su propio y máximo desarrollo . . . [y] ayudar a esos a los que sentimos que podemos ser más útiles. 99
> —Marie Curie, en una carta escrita en 1924

For three years, Marie worked as a governess in this country home in Szczuki, Poland.

Por tres años, Marie trabajó como gobernanta en esta casa de campo en Szczuki, Polonia.

spreading all across Europe. By learning about these ideas, the young people of Poland hoped to change their country's future and gain control from the Russians.

Marie liked learning what she could in the Floating University. But it made her long to go to a real college. Both Marie and her sister Bronya set a goal to go to France. There they could study at a university in Paris.

Marie and Bronya made a plan to save the money they needed to get their schooling. They would get Bronya to Paris first, and then Marie. Bronya decided to continue teaching in Warsaw to make money. Marie decided to go back to the country and work as a governess. In January 1886, Marie left for the country. She hated to leave her friends and family in Warsaw, and the idea of starting a new job with a family of strangers frightened her.

When Marie got to the country, it looked much different than the countryside Marie

do por toda Europa. Al aprender estas ideas, la gente joven de Polonia esperaba cambiar el futuro de su país y tomar el control que tenían los rusos.

A Marie le gustaba estudiar lo que podía en la Universidad Flotante. Pero esto la hacía desear asistir a una verdadera universidad. Tanto Marie como su hermana Bronya se pusieron como meta ir a Francia. Allí podían estudiar en una universidad de París.

Marie y Bronya planearon ahorrar el dinero que necesitaban para estudiar. Primero iría Bronya a París, y luego Marie. Bronya decidió continuar enseñando en Varsovia para ganar dinero. Marie decidió volver al campo y trabajar como gobernanta. En enero de 1886, Marie volvió al campo. Odiaba tener que dejar a sus amigos y familia de Varsovia, y la idea de empezar un nuevo trabajo con una familia desconocida la asustaba.

Cuando Marie llegó al campo, le pareció muy diferente del campo que conocía y amaba. Su

knew and loved. Her new job was in Szczuki, 60 miles (100 km) north of Warsaw. Sugar beet fields surrounded the town. Her new bedroom looked out onto a sugar factory, and all she could see was red brick buildings and factory smoke. In a nearby village, peasants and factory workers lived in small huts.

Life on a Sugar Beet Farm

Marie lived and worked in a very large house. It was covered with vines, and it had large gardens and orchards, barns, and cattle sheds. The owner of the house, Marie's boss, owned part of the sugar factory. It was Marie's job to teach the owner's daughters, ten-year-old Andzia, and eighteen-year-old Bronka. Marie was only eighteen years old herself. She taught the daughters seven hours a day. Then for another hour, she gave lessons to a workman's son to prepare him for school.

One day, Marie met some peasant children on one of the muddy village roads. These children did not go to school and could neither read nor write. Though teaching peasant children was against the law, Marie believed it was the children's right to learn. She knew that teaching them would be good for Poland.

Marie's boss agreed to let Marie teach the children. He even agreed to let his daughter, Bronka, help. Marie and Bronka set up a school in Marie's room. There, they taught

nuevo trabajo era en Szczuki, a 60 millas (100 kilómetros) al norte de Varsovia. Campos de remolacha rodeaban al pueblo. Su nuevo dormitorio daba a una fábrica de azúcar, y todo lo Marie podía ver eran edificios de ladrillos rojos y el humo de la fábrica. En una villa cercana, los campesinos y los trabajadores vivían en pequeñas chozas.

La vida en una granja de remolachas

Marie vivió y trabajó en una casa muy grande. Estaba cubierta de hiedra y tenía grandes jardines y huertos, graneros y cobertizos para el ganado. El dueño de la casa, el patrón de Marie, era dueño de una parte de la fábrica de azúcar. El trabajo de Marie era dar clases a las hijas del dueño— Andzia, de diez años, y Bronka, de dieciocho. La misma Marie tenía sólo dieciocho años. Ella les daba clases a las hijas siete horas por día. Luego, por otra hora, daba clases al hijo de un trabajador para prepararlo para la escuela.

Un día, Marie encontró a algunos niños de los campesinos en uno de los caminos barrosos de la villa. Estos niños no asistían a una escuela y no sabían leer ni escribir. Aunque enseñar a los niños de los campesinos fuera en contra de la ley, Marie creía que los niños tenían derecho a aprender. Sabía que educarlos sería bueno para Polonia.

El patrón de Marie estuvo de acuerdo en que Marie les enseñara a los niños. Hasta estuvo de acuerdo en dejar que su hija, Bronka, la ayudara. Marie y Bronka organizaron una escuela en el

the peasant children to read.

Marie did a lot of reading herself. She read to prepare herself for college. On long winter evenings, by the warmth of the stove in her room, she read books about every subject she could find. Marie liked books about science and mathematics the most. Sometimes she did not have enough time in the evenings to read all she wanted. Then, she would get up at six o'clock in the morning and read more before work.

Bronya Goes to Paris

By 1885, Marie and her sister Bronya had saved enough money to send Bronya to Paris. In Paris, Bronya would study medicine. Bronya left for Paris, and Marie continued her work in the country. She missed her family, and she longed to join Bronya in Paris and begin her own studies.

cuarto de Marie. Allí, les enseñaron a leer a los niños de los campesinos.

Marie también leyó mucho. Leía para prepararse para la universidad. En las largas noches de invierno, al calor de la estufa de su cuarto, Marie leía libros sobre todos los temas que podía encontrar. A Marie le gustaban en especial los libros sobre ciencias y matemáticas. A veces no tenía suficiente tiempo por las noches para leer todo lo que quería. Por eso, se levantaba a las seis de la mañana y leía más antes del trabajo.

Bronya va a París

Para 1885, Marie y su hermana Bronya habían ahorrado suficiente dinero para que Bronya fuera a París. En París, Bronya iba a estudiar medicina. Bronya salió para París, y Marie continuó con su trabajo en el campo. Extrañaba mucho a su familia, y deseaba estar con Bronya en París y comenzar sus estudios. A veces, se sentía esperanzada.

Marie did experiments in a secret laboratory in a Warsaw museum. The laboratory was on the second floor of this building.

Marie hizo experimentos en un laboratorio secreto en un museo de Varsovia. El laboratorio estaba en el segundo piso de este edificio.

When Marie was born, Poland was ruled by Russia, Austria, and Prussia. The black line shows the Russian area, where Marie lived.

Cuando Marie nació, Polonia estaba gobernada por Rusia, Austria y Prusia. La línea negra muestra el área rusa, donde vivía Marie.

At times, she felt hopeful. But at other times, she feared she would never get there.

"Think of it," Marie wrote in a letter to her brother. It was now 1888, and Bronya had left for Paris three years before. "I am learning chemistry from a book. You can imagine how little I get out of that," she wrote. "But what can I do, as I have no place to make experiments?"

Finally, Marie's job in Szczuki came to an end. She returned to Warsaw and began teaching there. Then, she got a chance to do something that excited her. Her cousin, Joseph, was the director of a museum in Warsaw. But the museum was really a secret school. Inside the

Pero otras veces, se temía que no fuera nunca a París.

"Piénsalo", escribió Marie en una carta a su hermano. Ya era 1888, y Bronya había salido para París tres años antes. "Estoy aprendiendo química de un libro. Te puedes imaginar lo poco que aprendo", escribió Marie. "Pero, ¿qué puedo hacer, sin un lugar donde hacer experimentos?"

Por fin, el trabajo de Marie en Szczuki se acabó. Volvió a Varsovia y comenzó a enseñar. Luego, tuvo la oportunidad de hacer algo que la entusiasmaba. Su primo, Joseph, era el director de un museo de Varsovia. Pero el museo era en realidad una escuela secreta. Dentro del museo había un pequeño laboratorio científico con mu-

This drawing was made of Marie in 1892.

Este dibujo de Marie fue hecho en 1892.

museum was a small science laboratory with a lot of equipment. Joseph gave Marie permission to use the laboratory to do experiments.

On Sundays and in the evenings, Marie taught herself to perform experiments. She taught herself to use the equipment and how to handle tiny amounts of materials and liquids. She taught herself how to measure, weigh, heat, cool, and mix materials and liquids. She did many experiments using glass tubes, much like the ones she had seen in her father's study as a child.

Marie learned a lot during her time in the laboratory. She learned that making discoveries in science took time and hard work. When her experiments worked, she felt encouraged and proud. When she had accidents or failed, she

chos instrumentos. Joseph le dio a Marie permiso para usar el laboratorio para hacer experimentos.

Los domingos, y por las noches, Marie aprendió sola a hacer experimentos. Aprendió sola a usar los instrumentos y a manejar pequeñísimas cantidades de materiales y líquidos. Aprendió sola a medir, pesar, calentar, enfriar y mezclar materiales y líquidos. Hizo muchos experimentos usando tubos de vidrio, muy parecidos a los que había visto en el estudio de su padre cuando era niña.

Marie aprendió mucho durante su tiempo en el laboratorio. Aprendió que hacer descubrimientos científicos tomaba tiempo y mucho trabajo. Cuando sus experimentos resultaban bien, Marie

was very unhappy. Marie learned to love doing scientific experiments. More than ever, she wanted to continue her work.

In the spring of 1890, Marie got a letter from Bronya. Bronya was planning to get married and stay in Paris. She invited Marie to live with her and her husband. Bronya was nearly finished with her schooling, and now it was time for Marie to start hers. In 1891, Marie boarded a train to Paris. She was nearly 24 years old.

Marie's father went to the train station to see her off. "I won't be long," Marie said to her father. "I'll get my degree, and then I'll be back." A college degree is a document awarded to students after completing a program of study. Marie planned to complete her studies, get her degree, and then return to Poland to teach science and mathematics. Marie did not know it at the time, but she would never live in Poland again. As her train pulled out of the station in Warsaw, she was starting a new adventure.

se sentía animada y orgullosa. Cuando tenía accidentes o los experimentos fallaban, era muy infeliz. Marie aprendió a amar el hacer experimentos científicos. Más que nunca, quería continuar con su trabajo.

En la primavera de 1890, Marie recibió una carta de Bronya. Ésta estaba planeando casarse y quedarse en París. La invitaba a Marie a vivir con ella y su marido. Bronya estaba casi por terminar sus estudios, y ahora era el momento para que Marie comenzara los suyos. En 1891, Marie tomó un tren para París. Tenía casi 24 años.

El padre de Marie fue a despedirla a la estación. "No voy a tardar mucho", le dijo Marie a su padre. "Voy a conseguir mi diploma, y volveré", Un diploma de universidad es un documento que reciben los estudiantes después de haber completado un programa de estudios. Marie planeaba completar sus estudios, recibir su diploma, y luego volver a Polonia a enseñar ciencias y matemáticas. Marie no sabía en ese momento que nunca más volvería a vivir en Polonia. Mientras el tren salía de la estación de Varsovia, Marie comenzaba una nueva aventura.

> " All my mind was centered on my studies. All that I saw and learned that was new delighted me. It was like a new world opened to me, the world of science, which I was at last permitted to know [freely]. "
> —Marie Curie, in a letter written in 1892

> " Toda mi mente estaba concentrada en mis estudios. Todo lo nuevo que veía y aprendía me encantaba. Era como si un nuevo mundo se me abriera, el mundo de la ciencia, al que por fin podía conocer [libremente]. "
> —Marie Curie, en una carta escrita en 1892

This painting was made by an artist named Jean Beraud. It shows a street in Paris around 1891, when Marie arrived at the Sorbonne.

The Sorbonne

Marie loved the freedom she felt in Paris. She could sense a feeling of freedom everywhere she went. Here, people spoke their own language. They read books of their own choice. She loved to hear people talking in the cafes and bookstores around campus as they shared their thoughts and ideas.

Just as she had planned, Marie moved in with Bronya and her husband, Casimir. Both Bronya and Casimir were now doctors. Marie became closer to her sister than ever, and she built a friendship with Casimir that lasted all of

La Sorbonne

A Marie le encantaba la libertad que sentía en París. Podía sentir esa libertad donde fuera. En París, la gente hablaba su propio idioma. Leían los libros que querían. A Marie le gustaba escuchar hablar a la gente en los cafés y en las librerías cerca de la universidad, compartiendo sus pensamientos e ideas.

Justo como lo había planeado, Marie fue a vivir con Bronya y su esposo, Casimir. Tanto Bronya como Casimir eran ya médicos. Marie se unió más que nunca a su hermana, y se hizo amiga de Casimir, una amistad que duró durante todas sus

Esta pintura fue hecha por un artista llamado Jean Beraud. Muestra una calle de París, alrededor de 1891, cuando Marie llegó a la Sorbonne.

their lives. Marie felt happy and welcome in Bronya's home.

Each day, Marie climbed to the upper deck of a horse-drawn bus and rode to the University of the Sorbonne. It took two hours to get there and two hours to get back. When she first saw the university, she stood outside for a long time. She had imagined this moment many times. She, Marya Sklodowska from Poland, was at the Sorbonne. The Sorbonne had been a famous university for nearly 800 years.

The Sorbonne was a real university, not at all like the Floating University in Warsaw. Here,

vidas. Marie se sentía feliz y bien recibida en la casa de Bronya.

Todos los días, Marie se subía a la plataforma superior de un ómnibus tirado por caballos e iba a la Universidad de la Sorbonne. Le llevaba dos horas llegar allí y dos horas volver a casa. Cuando vio por primera vez la universidad, Marie la observó desde afuera por mucho tiempo. Se había imaginado ese momento muchas veces. Ella, Marya Sklodowska, de Polonia, estaba en la Sorbonne. La Universidad de la Sorbonne había sido famosa por casi 800 años.

This picture was taken while Marie was studying for her first degree at the Sorbonne.

Esta foto fue sacada cuando Marie estaba estudiando para su primer diploma en la Sorbonne.

Marie had a right to enter the classrooms and use the libraries and science laboratories. In France, women had the right to study freely. Very soon, memories of her lonely struggle to study in Poland faded away.

But Marie had a problem at the university she had not counted on. She could not understand a word of what her teachers were saying. She had spoken French in Poland, but here, her teachers were speaking very rapidly. They were speaking about complicated subjects like physics, chemistry, and mathematics. Marie was disappointed. Her French was not nearly as good as she had thought.

Marie was determined to succeed in college, however. She set her mind on learning French, and learning it quickly. She spent most all of her time at the Sorbonne, returning to her sister's house only in the evenings. At the end of each day, she was very tired. And the time it took to ride back and forth to school left her little time to study. In March 1892, Marie moved closer to the Sorbonne.

La Sorbonne era una verdadera universidad, no como la Universidad Flotante, en Varsovia. Allí, Marie tenía el derecho a entrar a las aulas y usar las bibliotecas y los laboratorios de ciencias. En Francia, las mujeres tenían derecho a estudiar libremente. Muy pronto, los recuerdos de su lucha solitaria para estudiar en Polonia se desvanecieron.

Pero Marie tuvo un problema en la universidad con el que no había contado. No podía entender una palabra de lo que decían sus profesores. Marie había hablado francés en Polonia, pero en la universidad, los profesores hablaban muy rápido. Hablaban sobre materias complicadas, como física, química y matemáticas. Marie estaba desilusionada. Su francés no era tan bueno como había pensado.

Sin embargo, Marie estaba decidida a tener éxito en la universidad. Concentró toda su mente en aprender francés, y en aprenderlo rápido. Pasaba casi todo su tiempo en la Sorbonne, y volvía a casa de su hermana sólo por la noche. Al final de cada día, estaba muy cansada. Y el tiempo que le llevaba ir y volver de la escuela le dejaba muy poco tiempo para estudiar. En marzo de 1892,

This painting was made by an artist named Henri Gaston Darien. It shows a street market in the area of Paris where Marie lived in a tiny attic room.

Esta pintura fue hecha por un artista llamado Henri Gaston Darien. Muestra un mercado al aire libre en el área de París donde Marie vivía en un pequeño cuarto, en una buhardilla.

She moved to a small room from which she could walk to the classrooms, libraries, and laboratories.

Small Living, Big Learning

During her years at the Sorbonne, Marie lived in a number of small rooms. Like many of the other students, she had just enough money to pay her rent and buy food to eat and fuel to keep warm. Sometimes, when it got really cold, she had to choose between food and fuel. She did not have enough money to buy both.

Marie se mudó más cerca de la Sorbonne. Se mudó a un pequeño cuarto desde donde podía ir caminando a las aulas, bibliotecas y laboratorios.

Vivir poco, aprender mucho

Durante sus años en la Sorbonne, Marie vivió en varios cuartos pequeños. Como muchos otros estudiantes, ella tenía el dinero justo para pagar el alquiler y comprar comida y combustible para mantenerse en calor. A veces, cuando hacía mucho frío, tenía que elegir entre la comida o el combustible. No tenía suficiente dinero para comprar las dos cosas.

Marie met Pierre Curie in 1894. Pierre was an important scientist at the School of Physics and Chemistry in Paris.

Marie conoció a Pierre Curie en 1894. Pierre era un importante científico de la Escuela de Física y Química en París.

But Marie did not need much money to live. She had a place to sleep and study, and that was all that she wanted. Often, she stayed in the libraries until 10 o'clock at night. Then, she returned to her room and read by the light of an oil lamp until she fell asleep.

Marie walked everywhere, because the bus cost money. Sometimes, she lived for days eating only bread, butter, and tea. But she was always in the front row of her classrooms, listening carefully and taking notes. Marie was filled with wonder at the mysteries of the world. Her love of science grew stronger every day.

Marie's Degrees

Finally, Marie had finished her schooling. Now, she had to pass tests to get her degree. She took her first test, and she was the top student. In just eighteen months, she had improved her French and even moved ahead of the other students. In July 1893, Marie was awarded a degree in physics. Physics is the study of

Pero Marie no necesitaba mucho dinero para vivir. Tenía un lugar donde dormir y estudiar, y eso era todo lo que quería. Frecuentemente, se quedaba en las bibliotecas hasta las diez de la noche. Después, volvía a su cuarto y leía a la luz de una lámpara de aceite hasta que caía dormida.

Marie caminaba a todas partes, porque el ómnibus costaba dinero. A veces, durante días sólo comía pan, mantequilla y té. Pero Marie siempre estaba en la primera fila de las aulas, escuchando con atención y tomando notas. A Marie la llenaban de asombro y admiración los misterios del mundo. Su amor por las ciencias era más fuerte cada día.

Los diplomas de Marie

Por fin, Marie había terminado sus estudios. Ahora, tenía que pasar exámenes para recibir su diploma. Tomó el primer examen, y salió primera. En sólo dieciocho meses, Marie había mejorado su francés, y hasta había sobrepasado a los otros estudiantes. En julio de 1893, Marie recibió un diploma en física. La física es el estudio de la materia y la energía y de cómo están relacionadas.

Después, Marie decidió estudiar para tener otro diploma. Esta vez, quería

matter and energy and how they are related.

Then, Marie decided to get another degree. This time, she wanted to study mathematics. Because she did excellent work, she got a scholarship from Poland. This was a happy surprise for Marie. A scholarship is a gift of money that helps pay for school. Within a year, Marie got a degree in mathematics. Again she did excellent work. She finished second in her class.

Meeting Pierre Curie

The year 1894 was an important year for Marie. She got her second college degree, and she met a man named Pierre Curie. Marie met Pierre at the home of a friend. "When I came in, Pierre Curie was standing . . . near a door leading to the balcony," Marie explained in a letter to a friend. "I was struck by . . . his . . . gaze, his . . . words . . . and his smile."

Pierre was already working as a scientist. Marie and Pierre began to talk. Marie was shy at first, but soon they talked a lot. Marie asked him questions about his work. She also asked his advice about the work she was doing.

estudiar matemáticas. Como había realizado un excelente trabajo, Marie recibió una beca de Polonia. Ésta fue una agradable sorpresa para ella. Una beca es un regalo de dinero que ayuda a pagar la escuela. En un año, Marie recibió un diploma en matemáticas. Nuevamente, había hecho un trabajo excelente. Terminó segunda en su clase.

Marie conoce a Pierre Curie

El año 1894 fue un año importante para Marie. Recibió su segundo diploma, y conoció a un hombre llamado Pierre Curie. Marie conoció a Pierre en la casa de un amigo. "Cuando llegué, Pierre Curie estaba parado . . . cerca de una puerta que daba a un balcón", Marie dijo en una carta a un amigo. "Me impresionaron su . . . mirada, sus . . . palabras . . . y su sonrisa".

Pierre ya estaba trabajando como científico. Marie y Pierre comenzaron a hablar. Al principio, Marie fue tímida, pero pronto los dos hablaron mucho. Marie le hizo preguntas a Pierre sobre su trabajo. También le pidió consejo sobre el trabajo que ella estaba haciendo.

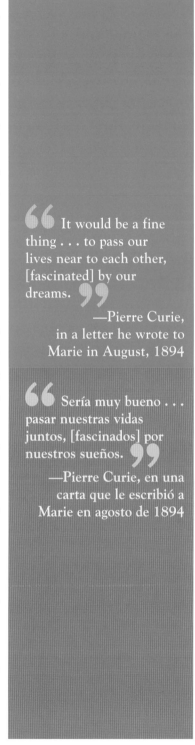

66 It would be a fine thing . . . to pass our lives near to each other, [fascinated] by our dreams. 99
—Pierre Curie, in a letter he wrote to Marie in August, 1894

66 Sería muy bueno . . . pasar nuestras vidas juntos, [fascinados] por nuestros sueños. 99
—Pierre Curie, en una carta que le escribió a Marie en agosto de 1894

Pierre was astonished with Marie's knowledge about science. She was excited about her work, and she loved learning as much as he did. The two shared the same drive to discover the mysteries of the world around them. As they got to know each other better, their bond grew stronger.

Marie and Pierre continued to see each other. Soon, Pierre asked Marie to marry him. He asked her to stay in Paris, to work with him, and be his scientific partner. Marie loved Pierre but she also loved Poland. Pierre offered to live with her in Poland. But Marie knew he could not do the work he loved unless he stayed in France.

Marie had a difficult choice to make. She had to decide between Poland and her family and France and Pierre. Marie stayed in Paris, but she did not make her decision for nearly a year. On July 26, 1895, Marie and Pierre were married. Marie was twenty-seven years old. Marya Sklodowska from Poland became Madame Marie Curie of Paris.

The First Years of Marriage

After the Curies' wedding, they went to the French countryside. They watched butterflies and birds and frogs and flowers. They rode around on bicycles they had gotten as wedding gifts. Like Marie, Pierre loved the countryside. In the first years of their marriage, they returned to the country often to

Pierre estaba asombrado con el conocimiento de Marie sobre las ciencias. Ella estaba entusiasmada con su trabajo, y le encantaba aprender, tanto como le gustaba a Pierre. Los dos tenían el mismo deseo de descubrir los misterios del mundo que los rodeaba. A medida que se iban conociendo más, sus vínculos se hacían más fuertes.

Marie y Pierre continuaron viéndose. Pronto, Pierre le pidió a Marie que se casara con él. Le pidió que se quedara en París, y que fuera su compañera en ciencias. Marie amaba a Pierre, pero también amaba a Polonia. Pierre le ofreció vivir con ella en Polonia. Pero Marie sabía que él no podía hacer el trabajo que amaba si no se quedaba en Francia.

Marie tenía que hacer una difícil elección. Tenía que elegir entre Polonia y su familia o Francia y Pierre. Marie se quedó en París, pero no tomó su decisión por casi un año. El 26 de julio de 1895, Marie y Pierre se casaron. Marie tenía veintisiete años. Marya Sklodowska de Polonia se convirtió en Madame Marie Curie de París.

Los primeros años de matrimonio

Luego de casarse, fueron a la campiña francesa. Observaron las mariposas, las aves, las ranas y las flores. Pasearon en bicicletas que habían recibido como regalos de casamiento. Como a Marie, a Pierre le encantaba la campiña. Durante los primeros años de su matrimonio,

roam the woods and fields and watch the plants and animals.

By October 1895, the Curies had settled into a small apartment in Paris. Living and working together, they grew even closer than they had been. As scientific partners, they shared thoughts and ideas. They believed they were better scientists together than they would ever have been alone.

Curie learned a lot from her husband's years of experience. He had gained a lot of

volvieron frecuentemente a pasear por los bosques y campos y a observar las plantas y animales.

Para octubre de 1895, se habían establecido en un pequeño departamento en París. El vivir y trabajar juntos los acercó aún más que antes. Como compañeros en las ciencias, compartían sus pensamientos e ideas. Creían que eran mejor científicos juntos que lo que pudieran haber sido separados.

Marie aprendió mucho de los años de experiencia de Pierre. Él había obtenido muchos

This picture shows Marie and Pierre outside their home in Paris. Often, they took their bicycles on trains and headed for the country.

Este dibujo muestra Marie y Pierre Curie frente a su casa en París. Con frecuencia, llevaban sus bicicletas en trenes e iban al campo.

knowledge, and he was a fine teacher. Curie worked with her husband in the School of Physics and Chemistry in Paris. Pierre taught students, and both Marie and Pierre did scientific studies.

The early years of their marriage were happy times for the Curies. They spent a lot of time in the laboratory doing the work they loved. Marie published her first scientific report. Then on September 12, 1897, their first child, Irene, was born. Now, Marie was a scientist, a wife, and a mother. This kept her very busy, and quite content.

Doctor of Science

Very soon, however, Curie set another goal for herself. She already had two college degrees, but now she wanted another. This time, she wanted to get a doctorate. A doctorate is the highest degree awarded at a university. At the time, no woman in all of Europe had ever earned a doctorate.

Getting a doctorate would mean doing new work in science. To get the degree, Curie

conocimientos y era un muy buen maestro. Marie trabajó con su esposo en la Escuela de Física y Química, en París. Pierre enseñaba a sus estudiantes, y los dos, Marie y Pierre, hacían estudios científicos.

Los primeros años de su matrimonio fue una época feliz para los dos. Pasaban mucho tiempo en su laboratorio, trabajando en lo que amaban. Marie publicó su primer artículo científico. Luego, el 12 de septiembre de 1897, nació su primera niña, Irene. Ahora, Marie era científica, esposa y madre. Esto la mantenía muy ocupada y muy contenta.

Doctora en ciencias

Pero, muy pronto, Curie se puso otra meta. Ya tenía dos diplomas de universidad, pero ahora quería otro. Esta vez, quería recibir un doctorado. Un doctorado es el diploma más alto que se puede recibir en una universidad. En ese momento, ninguna mujer en toda Europa había recibido un doctorado.

Obtener el doctorado significaba realizar estudios científicos completamente nuevos. Para recibir

would have to find a subject that no one had studied before. She starting reading reports about experiments scientists had done in recent years. She read reports from scientists all over the world.

One report Curie read caught her attention. It was written in 1896 by a French scientist named Henri Becquerel. X-rays had been discovered a year earlier by a man named Wilhelm Roentgen, and like many other scientists, Becquerel had been studying x-rays. X-rays are beams of invisible light. Scientists had learned that x-rays can pass right through materials such as paper, wood, and metal.

Scientists had also learned that x-rays can pass right through the human body. And scientists knew that film used for taking pictures turned dark when it was put in light. The more light the film gets, the darker it becomes. So scientists put picture film on one side of a person's body. They put an x-ray machine on the other side. The x-rays passed through the body and made an image on the film. The image showed the body's bones. In the image, the bones of the body appeared lighter than the flesh because more of the x-rays passed through the flesh. Within days of this discovery, scientists had used x-rays to find a bullet in a person's leg.

Henri Becquerel was doing new experiments to learn how x-rays could be used. He

el diploma, Curie tenía que hallar un tema que nadie hubiera estudiado antes. Comenzó leyendo informes sobre experimentos que los científicos habían hecho en los últimos años. Leyó informes de científicos de todo el mundo.

Un informe que Curie leyó le llamó la atención. Había sido escrito en 1896 por un científico francés llamado Henri Becquerel. Los rayos X habían sido descubiertos un año antes por un hombre llamado Wilhelm Roentgen, y como muchos otros científicos, Becquerel los había estado estudiando. Los rayos X son rayos de luz invisible. Los científicos habian descubierto que estos rayos pueden pasar a través de materiales como papel, madera y metal.

Los científicos también habían aprendido que los rayos X pueden pasar a través del cuerpo humano. Y los científicos sabían que el papel de película que se usaba para sacar fotos se volvía oscuro cuando lo colocaban en la luz. Cuanta más luz recibía el papel de película, más oscuro se ponía. Entonces, los científicos colocaron el papel de película en un lado del cuerpo de una persona. Del otro lado, colocaron una máquina de rayos X. Los rayos X pasaron a través del cuerpo e hicieron una imagen en el papel de película. La imagen mostraba los huesos del cuerpo. En la imagen, los huesos se veían más claros que la carne porque una mayor cantidad de rayos X habían pasado a través de la carne. A los pocos días de este descubrimiento, los científicos habían usado los rayos X para encontrar una bala en la pierna de una persona.

Henri Becquerel estaba haciendo nuevos experimentos para aprender cómo se podían usar los

knew that some chemicals glowed when x-rays shone on them. He wanted to learn whether other chemicals would send out x-rays if the chemicals were put in light.

One day, Becquerel wrapped a piece of picture film in black paper. The black paper protected the film from light. Then, he put a metal sheet on top of the wrapped film. He sprinkled the metal sheet with a chemical.

Becquerel put the film, the metal sheet, and the chemical in the bright sunlight for a few hours. Then, he developed the film. If the chemical had sent out x-rays, it would have darkened the film. It did not. He tried this test with many different chemicals.

One day, Becquerel decided to try his experiment with uranium. There was no sun that day, so he put the film, the metal sheet, and the uranium in a drawer to wait for a

rayos X. Sabía que ciertos químicos brillaban cuando los rayos X los tocaban. Él quería averiguar si otros químicos iban a emitir rayos X si los químicos eran puestos en la luz.

Un día, Becquerel envolvió una hoja de papel de película en papel negro. El papel negro protegía al papel de película de la luz. Después, puso una lámina de metal encima del papel de película envuelto. Roció con un químico la lámina de metal.

Becquerel puso el papel de película, la lámina de metal y el químico a la luz brillante del sol por unas horas. Después, reveló el papel de película. Si el químico hubiera emitido rayos X, el papel de película estaría oscurecido. Y no estaba oscuro. Becquerel hizo esta prueba con muchos químicos diferentes.

Un día, Becquerel decidió hacer este experimento con uranio. Ese día no había sol, por lo

66 The first result . . . was that the [radioactivity] . . . depended only on the amount of radium present. . . . In scientific terms, this is the most important single piece of work carried out by Marie Curie. What she had shown was that the radiation . . . must come from the atom itself. . . . From this simple discovery, twentieth-century science was able to [explain] the structure of the atom. 99

—Robert Reid, from his book *Marie Curie*

66 El primer resultado . . . fue que la [radioactividad] . . . dependía sólo de la cantidad de radio presente . . . En términos científicos, éste es el trabajo más importante realizado por Marie Curie. Lo que ella había demostrado era que la radiación . . . debía venir del átomo mismo. . . . A partir de este simple descubrimiento, la ciencia del siglo veinte pudo [explicar] la estructura del átomo. 99

—Robert Reid, en su libro *Marie Curie*

sunny day. But for some unknown reason, he took the film out of the drawer a few days later and developed it. The dark shape of the uranium appeared on the film. Becquerel was quite surprised by this. No sunlight could have possibly reached the uranium. It had given off some kind of ray all by itself.

Becquerel did some more experiments. The rays from the uranium acted just like x-rays. They had passed through the metal sheet and the black paper. But Becquerel learned that these rays were not x-rays. Becquerel wrote a report about his findings. At the time he wrote the report, all he knew was that the rays from the uranium were invisible to the eye and very strong.

Curie was fascinated by Becquerel's studies. As she read the report, she had more and

que puso el papel de película, la lámina de metal y el uranio en un cajón hasta que hubiera un día con sol. Pero, por algun razón que no conocemos, unos días después Becquerel sacó el papel de película del cajón y lo reveló. La forma oscura del uranio apareció en el papel de película. Esto sorprendió mucho a Becquerel. No era posible que la luz del sol hubiera llegado al uranio. Éste había emitido algún tipo de rayo por sí mismo.

Becquerel hizo más experimentos. Los rayos del uranio actuaban como los rayos X. Habían pasado a través de la lámina de metal y el papel negro. Pero Becquerel descubrió que estos rayos no eran rayos X. Escribió un informe sobre lo que había descubierto. Cuando escribió el informe, todo lo que sabía era que los rayos del uranio eran invisibles y muy fuertes.

This is part of a letter from Marie to her sister, Bronya. Much of what is known about Marie Curie comes from letters she wrote to her brothers and sisters over the years.

Ésta es parte de una carta de Marie a su hermana Bronya. Mucho de lo que se sabe sobre Marie Curie viene de cartas que ella escribió a sus hermanas y hermano a lo largo de su vida.

more questions. Curie had found her subject of study. No one had yet tried to learn what these rays were or where they came from.

Radioactivity

Curie was given a tiny workroom in the school where she worked. She began to experiment with Becquerel's rays. First, she wanted to measure the rays to find out how strong they were. She set up a machine in her tiny workroom. The machine was called an electrometer.

Curie's husband, Pierre, had invented the electrometer. She knew it would work perfectly for measuring the rays. Becquerel had learned that uranium rays caused an electrical current to move through the air. The electrometer could measure electrical currents, no matter how small they were. Curie decided to measure the strength of the uranium rays by measuring the strength of the electrical current the rays caused in the air.

Curie tested samples of many different metals and minerals. She used some that were wet, some dry, some hot, and some cold. Within days, she had learned something new. The strength of the rays depended only on how much uranium was in the samples. Nothing else mattered. The more uranium there was, the stronger the rays.

Los estudios de Becquerel fascinaron a Curie. Mientras leía el informe, se hacía cada vez más preguntas. Curie había encontrado su tema de estudio. Hasta el momento, nadie había tratado de descubrir qué eran estos rayos o de dónde venían.

La radioactividad

A Marie Curie le dieron un pequeñísimo cuarto de trabajo en la escuela donde trabajaba. Ella comenzó a experimentar con los rayos de Becquerel. Primero, quería medir los rayos para averiguar qué fuerza tenían. Puso una máquina en su cuarto de trabajo. La máquina era un electrómetro.

Pierre, el esposo de Curie, había inventado el electrómetro. Ella sabía que funcionaría perfectamente para medir los rayos. Becquerel había descubierto que los rayos del uranio hacían que una corriente eléctrica se moviera por el aire. El electrómetro podía medir corrientes eléctricas, aunque fueran muy pequeñas. Curie decidió medir la fuerza de los rayos de uranio midiendo la fuerza de la corriente eléctrica que los rayos causaban en el aire.

Curie probó muestras de muchos metales y minerales diferentes. Usó algunos mojados, algunos secos, algunos calientes y algunos fríos. En unos días, aprendió algo nuevo. La fuerza de los rayos dependía sólo de cuánto uranio contuvieran las muestras. Ninguna otra cosa importaba. Cuanto más uranio había, más fuertes eran los rayos.

El uranio es un elemento químico. Los elementos químicos son materiales a partir de los que se hacen todas las cosas. En la época en que Curie comenzó a trabajar con el uranio, los científicos

Uranium is a chemical element. Chemical elements are materials from which all things are made. At the time Curie began working with uranium, scientists knew of 83 chemical elements. Today scientists know of about 113.

Curie began testing the other chemical elements. She knew that uranium gave off the rays. But she wanted to learn if any other of the elements gave off the same kind. She tested all 83 elements. She learned that a chemical named thorium gave out the same kind of rays, and they were just as strong.

Curie had to find a name for these rays. Now that she knew they came from two chemicals, she could not call them uranium

conocían 83 elementos químicos. Hoy día, los científicos conocen aproximadamente 113 elementos.

Marie empezó a probar los otros elementos químicos. Sabía que el uranio emitía los rayos. Pero quería saber si algunos de los otros elementos también emitían la misma clase de rayos. Probó todos los 83 elementos. Descubrió que un químico llamado torio emitía la misma clase de rayos, y de igual fuerza.

Curie tenía que darles un nombre a estos rayos. Ahora que sabía que venían de dos químicos, ya no los podía llamar rayos de uranio. Curie usó el nombre radioactividad

Pierre and his brother, Jacques, had invented the electrometer. It measured electrical currents in air. Marie used this electrometer to do her experiments.

Pierre y su hermano Jacques habían inventado el electrómetro. Éste medía las corrientes eléctricas en el aire. Marie usó el electrómetro para hacer sus experimentos.

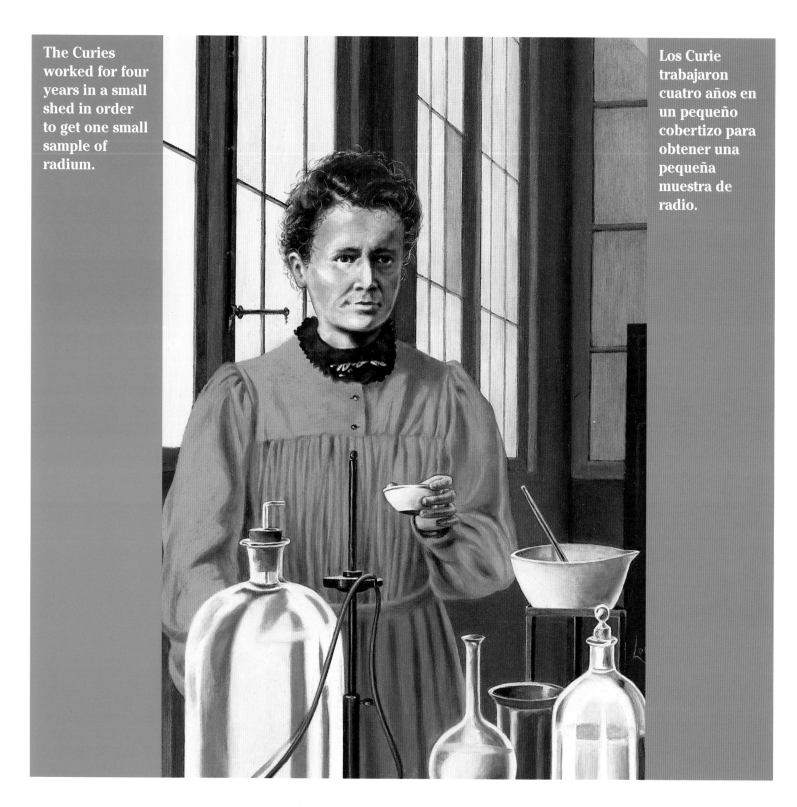

The Curies worked for four years in a small shed in order to get one small sample of radium.

Los Curie trabajaron cuatro años en un pequeño cobertizo para obtener una pequeña muestra de radio.

rays any more. Curie used the name radioactivity to describe them. The name radioactivity is still used today.

More Experiments

Curie had proved that both uranium and thorium were radioactive. Now, she had to decide what to explore next. She decided to test natural materials, such as minerals, rocks, and sand. Just as she had thought, only the materials that contained uranium or thorium gave off the rays.

So Curie did experiments on only these materials. She tested the amount of radioactivity in each. Then, she got a big surprise. Some of the materials gave off much stronger rays than others. These materials, she learned, contained a mineral called pitchblende. Pitchblende was four times more radioactive than uranium.

Curie tested pitchblende at least twenty times. Each time, the result was the same. Pitchblende had rays that were incredibly strong. Where on earth did these strong rays come from?

Curie could think of only one explanation. Pitchblende must have something else radioactive inside it. Could she have really discovered a

para describirlos. El nombre radioactividad todavía se usa hoy día.

Más experimentos

Marie Curie había probado que tanto el uranio como el torio eran radioactivos. Ahora, tenía que decidir qué explorar después. Decidió probar materiales naturales, como minerales, rocas y arena. Tal como había pensado, sólo los materiales que contenían uranio o torio emitían los rayos.

Por eso, Curie sólo hizo experimentos con esos materiales. Probó la cantidad de radioactividad en cada uno. Después, tuvo una gran sorpresa. Algunos de los materiales emitían rayos muchos más fuertes que otros. Descubrió que estos materiales contenían un mineral llamado pecblenda. La pecblenda era cuatro veces más radioactiva que el uranio.

Curie probó la pecblenda al menos veinte veces. Cada vez, el resultado era el mismo. La pecblenda emitía rayos que eran increíblemente fuertes. ¿De dónde venían estos rayos?

This is a piece of pitchblende ore, which contains a very tiny amount of radium.

Éste es un pedazo de pecblenda, que contiene una cantidad muy pequeña de radio.

new chemical element? She had already tested every element scientists knew about. Yet something gave off stronger rays than uranium or thorium.

The Search for a New Element

Curie believed in the work she was doing. She made it a goal to find that element. But other scientists did not believe there was such an element. Curie had to find it to prove she was right.

Pierre Curie was excited about his wife's work. In the summer of 1898, he decided to help her. The Curies decided to separate the elements in pitchblende. Once they removed the ones they knew about, only the new one would be left.

The Curies went about their work. And there appeared to be not one, but two new elements. By July 1898, they

A Curie sólo se le ocurrió una explicación. La pecblenda debía tener algo radioactivo dentro de ella. ¿Era posible que hubiera descubierto un nuevo elemento químico? Ella ya había probado todos los elementos que los científicos conocían. Y sin embargo, había algo que emitía rayos más fuertes que los del uranio o el torio.

La búsqueda de un nuevo elemento

Curie creía en el trabajo que estaba haciendo. Se había puesto como meta ese elemento. Pero otros científicos no creían que hubiera tal elemento. Curie tenía que hallarlo para probar que ella tenía razón.

Pierre Curie estaba entusiasmado con el trabajo de su esposa. En el verano de 1898, decidió ayudarla. Los Curie decidieron separar los elementos en la pecblenda. Una vez que hubieran separado los que conocían, solamente quedaría el nuevo elemento.

Los Curie continuaron con este trabajo. Y parecía que había no uno, sino dos nuevos elementos. Para julio de 1898, encontraron el primer elemento. Lo

These are two
pictures of the shed
where the Curies
worked to get
radium from
pitchblende.

Éstas son dos fotos
del cobertizo donde
los Curie trabajaron
para obtener radio
de la pecblenda.

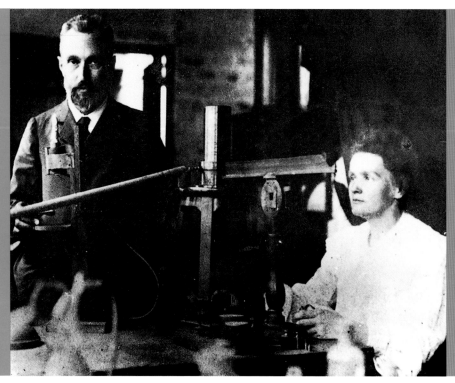

Pierre worked at Marie's side during the most tiring years of her studies.

Pierre trabajó con Marie durante los años más intensos de sus estudios.

found the first element. They named it polonium, after Poland. But for a long time, they could not find the second.

This element, the Curies knew, was very, very powerful. And they knew that because no one had noticed it before, it was present in pitchblende in very tiny amounts. The Curies needed large amounts of pitchblende just to find the element. They found a factory in Austria that took the uranium out of pitchblende and would give the Curies what was left.

The Curies got several tons of pitchblende from the factory. Marie's small workroom could not hold it all. The principal of the school where they worked let them use an empty shed in the schoolyard. It had a leaky

llamaron polonio, por Polonia. Pero por mucho tiempo, no pudieron encontrar el segundo elemento.

Los Curie sabían que este elemento era muy potente. Y sabían que, como nadie lo había notado antes, estaba presente en la pecblenda en cantidades pequeñísimas. Los Curie necesitaban grandes cantidades de pecblenda para encontrar el elemento. Hallaron una fábrica en Austria que sacaba el uranio de la pecblenda y que les daría a los Curie lo que quedaba.

Los Curie recibieron muchas toneladas de pecblenda de la fábrica. El pequeño cuarto de trabajo de Marie no podía almacenar toda esa cantidad. El director de la escuela donde trabajaban les dejó usar un cobertizo vacío en el

Marie wrote about her experiments in these science notebooks. Later, she used these notebooks to write a scientific report.

Marie escribió sobre sus experimentos en estos cuadernos de ciencias. Más tarde, usó estos cuadernos para escribir un informe científico.

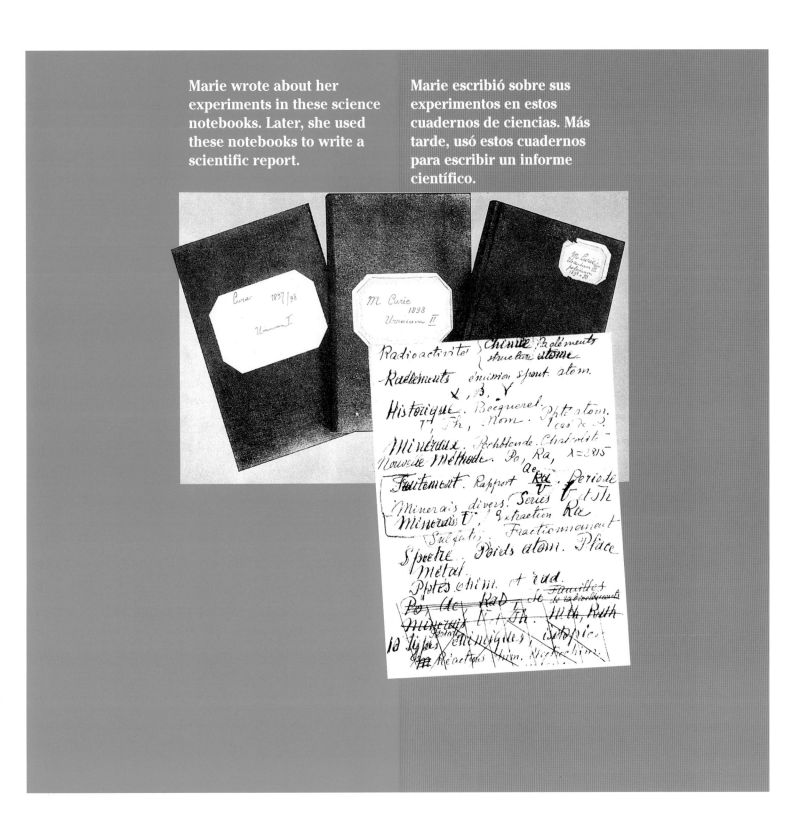

roof, a dirt floor, and only a small window in the ceiling for light.

The Curies worked all year in the shed. In the summer, they suffered from the heat. In the winter, they nearly froze. But the shed held pine tables, some furnaces, and the electrometer they needed. They could also use the yard by the shed for some of their work.

Radium!

Getting the element from pitchblende was difficult work. Getting enough of the element to use proved to be quite a struggle. The Curies stayed in the shed almost all the time. They had to grind the pitchblende and then boil it. They had to work with chemicals that filled the air with horrible smells. Marie stirred big pots of liquid for hours and hours. To stir the liquids, she used a heavy metal bar that was almost as big as she was.

The Curies worked hard in the shed for four years. Then finally, they had enough of the element to fit in a thimble. But

patio de la escuela. Tenía un techo que dejaba entrar el agua, un piso de tierra y sólo una pequeña ventana en el techo para la luz.

Los Curie trabajaron todo el año en el cobertizo. En el verano, sufrían el calor. En el invierno, casi se helaban. Pero el cobertizo tenía mesas de pino, algunos hornos y el electrómetro que necesitaban. También podían usar el patio cerca del cobertizo para algunos de sus trabajos.

¡Radio!

Separar el elemento de la pecblenda fue un trabajo duro. Obtener suficiente cantidad del elemento para usarlo fue toda una lucha. Los Curie estaban en el cobertizo casi todo el tiempo. Tenían que moler la pecblenda y después hervirla. Tenían que trabajar con químicos que llenaban el aire de olores horribles. Marie revolvía grandes ollas llenas de líquido durante horas y horas. Para revolver los líquidos, usaba una pesada barra de metal casi tan grande como ella.

Los Curie trabajaron duro en ese cobertizo durante cuatro años. Por fin, obtuvieron una cantidad, que llenaría un dedal, del elemento. En 1902, cuando Marie tenía treinta y

this was all they needed. In 1902, when Marie was thirty-five, she had her new chemical. And this chemical—radium—had great power.

More Work to Do

During the past few years, the Curies had learned a lot about radium. One thing they learned was that materials that were near radium became radioactive themselves. Marie and Pierre wrote a report about their findings. The report explained all the work they had done and all they had learned about radioactive materials so far.

The Curies work had led to a new science—the science of radioactivity. This new science began to grow very quickly. The Curies continued their work, but they soon needed people to help them. Then, other scientists did their own studies. The science grew even more.

The Curies stayed quite busy with their work. Pierre's father took care of their daughter, Irene, much of the time. In the evening, Marie spent time with Irene. She bathed and fed her. She played with her and read stories to her. Then sometimes, after Irene fell asleep, the Curies would return to the shed. There, they stood in the

cinco años, tuvo su nuevo químico. Y este químico, el radio, tenía una gran potencia.

Más trabajo para hacer

Durante los últimos años, los Curie habían aprendido mucho sobre el radio. Una cosa que habían aprendido era que los materiales que estaban cerca del radio se volvían radioactivos. Marie y Pierre escribieron un informe sobre sus descubrimientos. Explicaron todo el trabajo que habían hecho y todo lo que habían aprendido sobre los materiales radioactivos hasta ese momento.

El trabajo de los Curie había conducido a una nueva ciencia, la ciencia de la radioactividad. Esta nueva ciencia comenzó a desarrollarse muy rápido. Los Curie continuaron su trabajo, pero pronto necesitaron gente que los ayudara. Luego, otros científicos hicieron sus propios estudios. La ciencia se desarrolló todavía más.

Los Curie se mantenían muy ocupados con su trabajo. El

> " It might even be thought that radium could become very dangerous in criminal hands, and here the question can be raised whether mankind benefits from knowing the secrets of Nature. . . . I am one of those who believe . . . that mankind will [receive] more good than harm from the new discoveries. "
> —Pierre Curie, on June 6, 1905, after winning the Nobel Prize for Physics

> " Hasta se puede pensar que el radio podía ser muy peligroso en manos criminales, y aquí también se puede hacer la pregunta si la humanidad se beneficia al conocer los secretos de la naturaleza. . . . Yo soy de los que creen . . . que la humanidad va a [recibir] más bien que mal de los nuevos descubrimientos. "
> —Pierre Curie, el 6 de junio de 1905, después de ganar el premio Nobel en física

dark and looked at the soft glow of their radium.

Learning About Atoms

The Curies discovered radium at the turn of the twentieth century. At this time in history, scientists thought they understood what matter is made of. Matter is the name for all the materials in the universe. Scientists knew these materials were made of chemical elements. And they knew all elements were made of atoms. As far as they knew, an atom was the smallest piece of matter there was.

But Curie came up with a new idea. She believed that something inside the atoms caused a material to be radioac-

padre de Pierre cuidaba a Irene, la hija de Marie y Pierre, la mayor parte del tiempo. Por la noche, Marie estaba con Irene. Marie la bañaba y le daba de comer. Jugaba con ella y le leía cuentos. A veces, después que Irene se dormía, los Curie volvían al cobertizo. Allí, se paraban en la oscuridad para mirar el suave resplandor de su radio.

Aprendiendo sobre los átomos

Los Curie descubrieron el radio a comienzos del siglo veinte. En esa época, los científicos pensaban que entendían de qué estaba hecha la materia. La materia es el nombre de todos los materiales en el universo. Los científicos sabían que estos materiales estaban hechos de elementos químicos. Y sabían que todos los elementos estaban hechos de átomos. De acuerdo con lo que sabían, un átomo era la parte más pequeña que existía de la materia.

tive. If so, she thought, there must be something even smaller than an atom. That something was moving around inside the atom to make the rays.

Curie never explored this idea, but other scientists did. The Curies' work and ideas helped scientists learn a lot of things. Did the rays affect air, the scientists wanted to know. How strong was the heat that radium gave off? Scientists all over the world had a lot of questions. They did experiments to find the answers.

Ernest Rutherford was one of the scientists who did experiments with radium. Frederick Soddy was another. Rutherford had learned that there were two kinds of radiation rays. He called them alpha and beta rays. Later, Soddy joined Rutherford in his work.

Together, these two scientists made an important discovery. They learned that when a material gave off rays, its atoms were breaking up. The alpha and beta rays were actually tiny parts of atoms. This meant that the atom was not the smallest piece of matter after all.

Then Rutherford and Soddy did more work on atoms. Curie sent them samples of radium for their work. By 1911, they had learned a lot about what atoms were made of. Atoms have a lot of energy. Today, scientists are trying to learn how

Pero a Curie se le ocurrió una nueva idea. Creía que algo dentro de los átomos hacía que el material fuera radioactivo. Si esto era cierto, ella pensaba, debía existir algo todavía más pequeño que un átomo. Ese algo se estaba moviendo dentro del átomo y causando los rayos.

Curie nunca exploró esta idea, pero otros científicos lo hicieron. El trabajo y las ideas de los Curie ayudaron a los científicos a aprender muchas cosas. Los científicos querían saber si los rayos afectaban el aire. ¿Qué fuerza tenía el calor que emitía el radio? Los científicos de todo el mundo tenían muchas preguntas. Hicieron experimentos para hallar las respuestas.

Ernest Rutherford era uno de los científicos que hizo experimentos con radio. Frederick Soddy era otro. Rutherford había descubierto que había dos clases de radiaciones. Las llamó rayos alfa y beta. Más tarde, Soddy se unió al trabajo de Rutherford.

Juntos, estos dos científicos hicieron un importante descubrimiento. Descubrieron que cuando un material emitía rayos, sus átomos se estaban rompiendo. Los rayos alfa y beta eran en realidad pequeñísimas partes de los átomos. Esto quería decir que el átomo no era la parte más pequeña de la materia después de todo.

Luego, Rutherford y Soddy trabajaron más con los átomos. Curie les envió muestras de radio para su trabajo. Para 1911, Rutherford y Soddy habían aprendido mucho de cómo estaban formados los átomos. Los átomos tienen mucha energía. Hoy día, los científicos están tratando de

Before it became known that radium was dangerous, it was used in products.

Top: In the 1900s, these products, called sparklets, used radon gas for making soda water. No one knows what it did to the insides of the people who drank it.

Bottom: In the 1920s, radium was used in face powder. Though they did not know it at the time, the women who used this powder greatly increased their risk of getting cancer.

Antes de que se supiera que el radio era peligroso, se lo usó en productos.

Arriba: A comienzos del siglo viente, estos productos, llamados "burbujeantes", usaban el gas radón para hacer agua con burbujas. No se sabe lo que hizo dentro de las personas que la bebieron.

Abajo: En la década de 1920, el radio se usó en polvos para la cara. Aunque la gente no lo sabía entonces, las mujeres que usaron estos polvos aumentaron mucho su riesgo de tener cáncer.

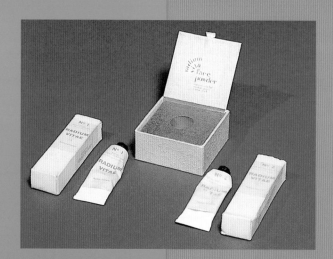

they can get that energy and how they can use it to help the world.

Radium as a Miracle Cure

Marie Curie's work led to many other important discoveries. Scientists wanted to learn what radium could do for humans. Several scientists had learned that radium caused changes to the human body. Once, Pierre had strapped a sample of radium to his arm for ten hours. The skin became red, as though it had been burned. Then in a few days, it developed scabs and then a wound.

In 1903, Pierre and two French doctors began testing radium on animals. These animals had diseases, and the radium destroyed the bad cells. Pierre and the doctors were shocked that this happened. Cancer was a disease that made lots of bad cells. Could radium cure cancer? That would seem like a miracle. But radium did appear to perform that miracle. French doctors began to use radium to treat people with cancer.

The Nobel Prize

Curie's discovery of radium led to great improvements in many areas of life. It led to a new science and even a new industry. Once doctors began using radium for cancer treatments, factories were built to supply the radium. No longer did people have

aprender cómo pueden obtener esa energía y cómo la pueden usar para ayudar al mundo.

El radio como una cura milagrosa

El trabajo de Marie Curie llevó a muchos otros importantes descubrimientos. Los científicos querían aprender qué podía hacer el radio por la humanidad. Varios científicos habían descubierto que el radio producía cambios en el cuerpo humano. Una vez, Pierre se había atado al brazo una muestra de radio durante diez horas. La piel se le había puesto roja, como si se hubiera quemado. Unos días después, le salieron costras y después le apareció una herida.

En 1903, Pierre y dos médicos franceses comenzaron a probar el radio en animales. Estos animales tenían enfermedades y el radio destruyó las células malas. Pierre y los médicos quedaron sorprendidos de que ocurriera esto. El cáncer es una enfermedad que causa muchas células malas. ¿Podría curar el cáncer el radio? Eso sería un milagro. Pero el radio sí parecía hacer ese milagro. Los médicos franceses empezaron a usar el radio para tratar a gente con cáncer.

El premio Nobel

El descubrimiento del radio de Curie llevó a grandes avances en muchas áreas de la vida. Llevó a una nueva ciencia y hasta a una nueva industria. Una vez que los médicos comenzaron a usar el radio para el tratamiento del cáncer, se construyeron fábricas para proveer el radio. Ya no era necesario que alguien trabajara duro durante cuatro años para

This statue of Marie Curie stands in front of the Cancer Research Institute in Warsaw.

Esta estatua de Marie Curie se encuentra enfrente del Instituto de Investigación del Cáncer, en Varsovia.

to work hard for four years to get only a thimbleful of this precious element.

Meanwhile, Curie wrote about her work with radium. She needed to write a report of her work to get her doctorate. The report was finished in June 1903. It included everything she had learned about radioactivity since she first chose to study Becquerel's strange rays.

Curie's teachers from the university examined her report closely. They asked her a lot of questions in front of a large group of scientists, friends, and members of Curie's family. To get her doctorate, Curie had to answer a lot of difficult questions about what she had learned.

Curie proved that she had learned a lot about radioactivity. She knew more about the subject than anyone—even her teachers. Curie was awarded her doctorate with high honors. She was the first woman in Europe to ever receive one.

No one could doubt the value of radium. The Curies were quite proud of their work. They

obtener solamente un dedal del precioso elemento.

Mientras tanto, Marie Curie escribió sobre su trabajo con el radio. Necesitaba escribir un informe de su trabajo para recibir su doctorado. Terminó el informe en junio de 1903. El informe incluía todo lo que Curie había aprendido sobre la radioactividad desde el momento en que había decidido estudiar los extraños rayos de Becquerel.

Los profesores universitarios de Curie examinaron su informe muy de cerca. Le hicieron muchas preguntas frente a un grupo grande de científicos, amigos y familiares. Para recibir su doctorado, Curie tenía que contestar muchas preguntas difíciles sobre lo que había aprendido.

Marie Curie demonstró que había aprendido mucho sobre la radioactividad. Sabía más que nadie sobre el tema, inclusive sus profesores. Curie recibió su doctorado con altos honores. Ella fue la primera mujer de Europa en recibir un doctorado.

Nadie dudaba del valor del radio. Los Curie estaban muy orgullosos de su trabajo. Hicieron una fiesta para celebrar el doctorado de Marie. Como lo hacía a menudo en las fiestas, Pierre hizo un truco de magia

held a party to celebrate Marie's doctorate. As he often did at parties, Pierre did a trick to impress his guests. He pulled a small tube of radium from his pocket and held it in his hand. The tube glowed softly in the dark, as if to signal Marie's success.

Later that year, the Curies received another award. This time it was the Nobel Prize. The Nobel Prize is the most important award for any scientist. The Curies and Henri Becquerel, the man who first discovered the miracle rays, received the award together. In December 1903, these three scientists were awarded the Nobel Prize for Physics.

Radiation Sickness

The Curies were not well enough to travel to Sweden to receive their Nobel Prize, however. Radium, the miracle cure, had made them very sick. When Pierre held the tube of radium, his fingers got red and sore. But neither he nor anyone else knew at the time that radium was harmful to the body.

During the four years they had worked with radium, the Curies grew sick and very tired. Soon, they

para impresionar a sus invitados. Sacó un pequeño tubo de radio de su bolsillo y lo tuvo en la mano. El tubo resplandecía suavemente en la oscuridad, como para señalar el éxito de Marie.

Más tarde ese año, los Curie recibió otro premio. Esta vez fue el premio Nobel. El premio Nobel es el premio más importante para cualquier científico. Los Curie y Henri Becquerel, el hombre que fue el primero en descubrir los rayos milagrosos, recibieron juntos el premio. En diciembre de 1904, estos tres científicos recibieron el premio Nobel en física.

La enfermedad por radiación

Sin embargo, los Curie no se sentían bien como para ir a Suecia a recibir el premio Nobel. El radio, la cura milagrosa, los había enfermado gravemente. Cuando Pierre tenía en su mano el tubo de radio, sus dedos se ponían rojos y doloridos. Pero ni él, ni ninguna otra persona, sabía en ese entonces que el radio causaba daño al cuerpo.

En los cuatro años que habían trabajado con el radio, los Curie se habían enfermado y se habían sen-

66 Nothing existed for Madame Curie at this moment [except] a complete concentration of all her soul upon the work she was doing. 99
—Marie's assistant, explaining how hard Marie concentrated during the last part of an experiment

66 No existía nada para Madame Curie en este momento [excepto] una completa concentración de toda su alma en el trabajo que estaba haciendo. 99
—El asistente de Marie, explicando cuánto se había concentrado Marie durante la última parte de un experimento

felt exhausted all the time. Pierre got bad pains in his legs and hands. Often, his legs hurt so much that he had to stay in bed for days. Sometimes, his hands hurt so much that he could not write or dress himself. By 1903, the Curies had trouble breathing. They had developed other serious health problems too.

Scientists now know that that the air around radium becomes radioactive also. People who work with radium must protect themselves from this air. The Curies did not know to protect themselves. They had breathed radioactive air every day while they worked in the shed.

Scientists also know now that radiation causes cancer. Today's doctors use radiation to treat cancer, but they know how to protect themselves from these powerful rays. The Curies did not know the rays were dangerous. When they got sick, they did not know why.

Life Changes

By 1903, Marie Curie was world famous. People everywhere knew about her work in the shed. Curie had suffered, but she had changed the world for the better. She had proved herself to be an excellent scientist.

After the Curies won the Nobel Prize, things began to change for them. In December 1904, their second daughter, Eve, was born. Marie cared for her children, and she also began teaching science at a girls' school.

tido muy cansados. En poco tiempo, se sentían siempre extenuados. Pierre tenía fuertes dolores en las piernas y manos. Con frecuencia, las piernas le dolían tanto que tenía que quedarse en cama por días. A veces, las manos le dolían tanto que no podía escribir o vestirse. Para 1903, los Curie tenían problemas al respirar. También tenían otros problemas serios de salud.

Hoy día, los científicos saben que el aire alrededor del radio también se vuelve radioactivo. La gente que trabaja con radio debe protegerse de este aire. Los Curie no sabían que debían protegerse. Habían respirado el aire radioactivo todos los días mientras trabajaban en el cobertizo.

Los científicos también saben ahora que la radiación causa cáncer. Los médicos de hoy usan la radiación para tratar el cáncer, pero ellos saben cómo protegerse de estos rayos potentes. Los Curie no sabían que los rayos eran peligrosos. Cuando se enfermaron, no supieron cuál era la causa.

Cambios de vida

Para 1903, Marie Curie era famosa en todo el mundo. Todo el mundo conocía el trabajo que había hecho en el cobertizo. Curie había sufrido, pero había mejorado al mundo. Se había demostrado ser una excelente científica.

Luego de que los Curie ganaron el premio Nobel, las cosas comenzaron a cambiar para ellos. En diciembre de 1904, nació su segunda hija, Eve. Marie cuidó a las niñas y también comenzó a enseñar ciencias en una escuela para mujeres. Casi al

At almost the same time, the Sorbonne created a new job just for Pierre. Now, the Curies would work together in a laboratory at the Sorbonne. Finally, they could move their work out of the shed. And for the first time since she started her work, Curie would get paid.

In the spring of 1906, the Curies enjoyed a short vacation in the country. They relaxed with their two children and took a much-needed break from their work. Shortly after they returned from the country, however, something terrible happened. As Pierre tried to cross a busy street, he was crushed beneath the heavy wheels of a horse-drawn wagon. He died within seconds.

Only the people closest to Curie knew how lonely and sad she felt without her husband.

mismo tiempo, la Sorbonne creó un trabajo especial para Pierre. En ese momento, los Curie podían trabajar juntos en un laboratorio de la Sorbonne. Por fin, podían dejar de trabajar en el cobertizo. Y, por primera vez desde que Marie comenzó su trabajo, le pagarían.

En la primavera de 1906, los Curie disfrutaron de una breve vacación en el campo. Descansaron junto con sus dos hijas e hicieron un muy necesario receso en su trabajo. Pero, poco después de volver del campo, ocurrió algo terrible. Cuando Pierre trataba de cruzar una calle con mucho tráfico, fue aplastado bajo las pesadas ruedas de una carreta tirada por caballos. Pierre murió en segundos.

Sólo las personas más cercanas a Marie supieron cuán sola y triste ella se sintiá sin su

In Marie Curie's time, people had not yet learned how dangerous cigarette smoking is to the human body. These cards were used to advertise cigarettes. They were part of a series of cigarette cards called "Famous Inventions" and "Do You Know," which gave people interesting facts about scientific inventions. These cards show the popularity of x-ray machines.

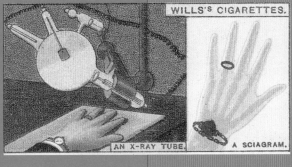
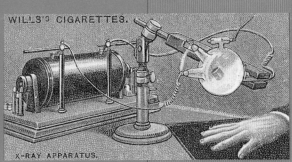

En la época de Marie Curie, la gente todavía no sabía lo peligroso que es fumar cigarrillos para el cuerpo humano. Estas tarjetas se usaban en avisos de cigarrillos. Eran parte de una serie de tarjetas de cigarrillos llamadas "Inventos famosos" y "Sabe usted", que daban a la gente datos interesantes sobre inventos científicos. Estas tarjetas muestran la popularidad de las máquinas de rayos X.

During her life, Marie Curie received eight scientific prizes and sixteen medals.

Durante su vida, Marie Curie recibió ocho premios científicos y dieciséis medallas.

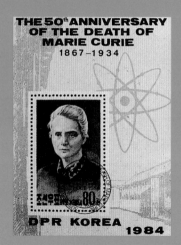

This postcard was made on the fiftieth anniversary of Curie's death.

Marie Curie has appeared on stamps from several countries.

Esta tarjeta fue hecha para el cincuenta aniversario de la muerte de Marie Curie.

Marie Curie ha aparecido en estampillas de varios países.

Top: After Eve was born, Curie taught science at a girls' school for several years. This picture was taken in 1904. Curie appears with a group of girls who had just finished their schooling that year.

Bottom: This picture of Curie and her two daughters, Irene and Eve, was taken shortly after Pierre's death.

Arriba: Luego del nacimiento de Eve, Curie enseñó ciencias en una escuela de mujeres durante varios años. Esta foto fue sacada en 1904. Curie aparece con un grupo de mujeres que acababan de terminar sus estudios ese año.

Abajo: Esta foto de Marie Curie y sus dos hijas, Irene y Eve, fue sacada poco después de la muerte de Pierre.

66 Today has seen 'the celebration of a victory for [women.]' If a woman is allowed to teach . . . studies to both sexes, where afterwards will be the pretended superiority of man? 99

—Written about Curie's first lecture at the Sorbonne, on November 6, 1906

66 Hoy ha sido 'una celebración para [mujeres]'. Si se le permite enseñar a una mujer . . . estudios para los dos sexos, ¿dónde queda después de esto la pretendida superioridad del hombre? 99

—Escrito después de la primera conferencia de Curie el 6 de noviembre de 1906, en la Sorbonne

She now had to continue their work and care for their children alone. Pierre had an important job teaching at the Sorbonne. He had worked as a professor. Because Curie had worked with her husband, she was the only person who knew his work well enough to take over his teaching job. At the time, no woman had worked as a professor before.

Curie worked hard at her new job. Pierre had been a great professor, and she wanted to carry on his good work. For the first time ever, a woman was teaching at the Sorbonne. Again, Marie Curie had made history with her excellent work.

More Important Work

In the following years, Curie set a new goal. She decided to start a school of radioactivity. She would be the director. But before the school was built, she did other important

esposo. Ahora ella tenía que continuar su trabajo y cuidar a sus hijas sola. Pierre había tenido un importante trabajo enseñando en la Sorbonne. Había trabajado como profesor. Como Curie había trabajado con su esposo, ella era la única persona que conocía bien su trabajo como para tomar su trabajo de profesor. En esa época, ninguna mujer había trabajado antes como profesora.

Curie trabajó mucho en su nuevo trabajo. Pierre había sido un gran profesor, y ella quería continuar su buen trabajo. Por primera vez, una mujer estaba enseñando en la Sorbonne. De nuevo, Marie Curie había hecho historia con su excelente trabajo.

Más trabajos importantes

En los siguientes años, Curie se puso una nueva meta. Decidió empezar una escuela de la radioactividad. Ella sería la directora. Pero, antes de que se construyera la escuela, hizo otros trabajos im-

Here, Curie attends a meeting with other important scientists in 1911.

Aquí, Curie está en una reunión con otros científicos famosos en 1911.

work. At the Sorbonne, she taught the world's first course on radioactivity. She also published Pierre's work, and then her own.

In the lab, she found a way to measure radium to make medicines for cancer. In 1911, Curie was awarded a second Nobel Prize. This time it was in chemistry. At the age of forty-four, she became the first person ever to receive the Nobel Prize twice.

Then, in 1913, the building began on Curie's school of radioactivity. Her school was called the Radium Institute. But by this time, World War I had begun. Before Curie could give her full attention

portantes. En la Sorbonne, enseñó el primer curso en el mundo sobre la radioactividad. También publicó el trabajo de Pierre, y luego su propio trabajo.

En el laboratorio, encontró una manera de medir el radio para hacer medicinas para el cáncer. En 1911, Curie recibió un segundo premio Nobel. Esta vez fue en química. A la edad de cuarenta y cuatro años, Marie Curie fue la primera persona en recibir dos veces el premio Nobel.

Luego, en 1913, comenzaron el edificio de la escuela de la radioactividad de Marie. Su escuela se llamó el Instituto del Radio. Pero, para entonces, había comenzado la Primera Guerra Mundial. Antes de que Curie pudiera prestar toda su atención al instituto, decidió usar su conocimiento para ayudar a los soldados durante la guerra.

This picture shows a Red Cross station on a battlefield in 1916. Curie seemed happy to work on the battlefields as long as she could help others.

Esta foto muestra un centro de la Cruz Roja en un campo de batalla en 1916. Curie parecía contenta de trabajar en los campos de batalla siempre que pudiera ayudar a otros.

After her husband's death, Curie worked hard in the laboratory. The work she did on radium during this time earned her a second Nobel Prize.

Después de la muerte de su esposo, Curie trabajó mucho en el laboratorio. El trabajo que hizo con el radio en este tiempo le valió su segundo premio Nobel.

During World War I, both Curie and her daughter Irene worked in x-ray units they set up on the battlefields.

Durante la Primera Guerra Mundial, Marie Curie y su hija Irene trabajaron en las unidades de rayos X que habían organizado en los campos de batalla.

to the institute, she decided to use her knowledge to help soldiers during the war.

Marie's War Effort

Curie knew the army would need x-ray units to treat the soldiers. She set up x-ray units that could travel to the battlefront. She had never worked with x-rays, but she knew a lot about them. She taught herself how to use the x-ray units, and then trained others.

Curie asked people in Paris for help. She got money, equipment, and a lot of volunteers. By late 1914, the first x-ray unit went to the battlefront. By the end of the war, Curie's x-ray teams had helped more than a million men.

The Radium Institute

After the war, Curie turned her attention to the Radium Institute. By 1915, doctors were using radium to treat many illnesses. Curie had given her supply of radium to other scientists and doctors. Now, the institute needed radium. The prices for radium had climbed very high after the war, and Curie had no money to pay for it.

El trabajo de Marie durante la guerra

Curie sabía que el ejército iba a necesitar unidades de rayos X para tratar a los soldados. Organizó unidades de rayos X que podían viajar hasta el frente de batalla. Nunca había trabajado con rayos X, pero sabía mucho sobre ellos. Aprendió sola cómo usar las unidades de rayos X y luego les enseñó a otros.

Curie pidió ayuda a la gente de París. Recibió dinero, instrumentos y muchos voluntarios. A fines de 1914, la primera unidad de rayos X salió para el frente de batalla. Para el fin de la guerra, los equipos de rayos X de Curie habían ayudado a más de un millón de hombres.

El Instituto del Radio

Después de la guerra, Curie puso su atención en el Instituto del Radio. Para 1915, los médicos estaban usando el radio para tratar muchas enfermedades. Curie había dado el radio que tenía a otros científicos y médicos. Ahora, el instituto necesitaba radio. Los precios del radio habían subido mucho luego de la guerra y Curie no tenía dinero para pagarlo.

> 66 It is impossible for me to describe the meaning and depth of this turning point in my life, as a result of the loss of him who was my closest companion and friend. Crushed by the blow, I am unable to think of the future. And yet, I could not forget what my husband sometimes said that even without him I should work on. 99
> —Marie Curie, after the death of Pierre

> 66 Es imposible para mí describir el significado y la importancia de este momento de cambio en mi vida, como resultado de la pérdida de quien fue mi compañero más cercano y mi amigo. Aplastada por este golpe, no puedo pensar en el futuro. Y sin embargo, no puedo olvidar lo que unas veces dijo mi marido, que aun sin él yo debo continuar trabajando. 99
> —Marie Curie, después que murió Pierre

Curie decided to tour the United States to raise money for radium. Her trip was a success, and she was even awarded a gram of radium by President Warren G. Harding. But on her trip, Curie became very ill. She returned to Paris to rest, but continued to struggle with her illness. Often, she felt very tired and weak and could not explain why.

Curie had been ill for over ten years. Now, other people who had worked with radium were getting ill too. In May 1934, Curie's illness got worse. She died on July 4, 1934. She was sixty-six years old.

> At the moment when the fame of the two scientists . . . was spreading through the world, grief overtook Marie; her husband, her wonderful companion, was taken from her by death in an instant. But in spite of her [sadness] and her . . . illness, she continued alone the work that had been begun with him and brilliantly developed by the science they had created together.
>
> —Eve Marie Curie, in *Madame Curie*, a book Eve wrote about her mother

Remembering Marie Curie

Curie was a great scientist and a source of strength for her family. She was also a source of strength for women around the world. Curie was the first woman in Europe to get a doctorate and to become a professor. This opened the way for other women to do the same.

Curie struggled to become a scientist during difficult times. She struggled for years with an illness that was later known to be radiation sickness. Scientists continued to learn about radiation sickness and how to prevent it. They continued to learn how they could use radioactivity to help people. Scientists at the Radium Institute did more work on cancer, and by 1935, thousands of cancer patients had been treated. Doctors from all over the world came to Curie's institute to learn.

Curie's daughter, Irene, began scientific work on atoms. Then in 1934, Irene and her husband, a scientist named Frédéric Joliot, found a way to make artificial radium. In 1935, a year after Curie died, they were awarded a Nobel

Recordando a Marie Curie

Marie Curie fue una gran científica y una fuente de fortaleza para su familia. También fue una fuente de fortaleza para las mujeres de todo el mundo. Curie fue la primera mujer de Europa en recibir un doctorado y en ser profesora de una universidad. Esto abrió el camino para que otras mujeres hicieran lo mismo.

Marie luchó para llegar a ser una científica durante tiempos muy difíciles. Luchó por años con una enfermedad que más tarde se conoció como enfermedad por radiación. Los científicos continuaron aprediendo sobre la enfermedad por radiación y cómo evitarla. Continuaron aprendiendo cómo usar la radioactividad para ayudar a la gente. Los científicos del Instituto del Radio hicieron más trabajo sobre el cáncer, y para 1935, habían tratado a millares de pacientes de cáncer. Médicos de todo el mundo iban al instituto de Marie Curie para aprender.

Irene, una de las hijas de Marie, comenzó su trabajo científico sobre los átomos. Después, en

This shows the inside of a nuclear power station that makes electricity.

Éste es el interior de una central de energía nuclear que genera electricidad.

Marie Curie paved the way for women to get important jobs in all areas of science.

Marie Curie preparó el camino para que las mujeres tomaran puestos importantes en todas las áreas de la ciencia.

Prize. This was the third Nobel Prize in the Curie family.

Marie Curie did a lot for the world. Her discovery of radium saved many lives and led to one discovery after another. Perhaps most importantly, it led to the knowledge of a vast source of energy locked inside atoms. This energy is called atomic power, or nuclear power. Today's scientists must learn the best uses for nuclear power. They have many possibilities to explore. Those possibilities could only be imagined before Marie Curie discovered radium.

1934, Irene y su esposo, un científico llamado Frédéric Joliot, encontraron una manera de hacer radio artificial. En 1935, un año después de la muerte de Marie, les dieron el premio Nobel. Éste fue el tercer premio Nobel en la familia Curie.

Marie Curie hizo mucho por el mundo. Su descubrimiento del radio salvó muchas vidas y llevó a un descubrimiento tras otro. Quizás lo más importante fue que llevó al conocimiento de una inmensa fuente de energía encerrada dentro de los átomos. Esta energía se llama energía atómica, o energía nuclear. Hoy día, los científicos deben aprender los mejores usos de la energía nuclear. Tienen muchas posibilidades para explorar. Estas posibilidades sólo se podían imaginar antes de que Marie Curie descubriera el radio.

IMPORTANT DATES

1867 Marya Sklodowska (Marie Curie) is born in Warsaw, Poland.

1876 Marie's sister, Sofia, dies of typhus.

1878 Marie's mother dies of tuberculosis.

1883 Marie finishes school, and then spends a year in the country.

1884 Marie returns to Warsaw and joins the Floating University.

1886 Marie, age eighteen, starts work as a governess.

1891 Marie, age twenty-three, leaves for Paris to study at the Sorbonne.

1893 Marie receives a physics degree from the University of the Sorbonne.

1894 Marie meets Pierre Curie. She is awarded a second degree in mathematics.

1895 **July 26:** Marie marries Pierre and becomes Madame Marie Curie.

November 8: X-rays are discovered by a German scientist named Wilhelm Roentgen.

1896 Henri Becquerel discovers strange invisible rays coming from uranium. These rays later become known as radioactivity.

1897 The Curies' first daughter, Irene, is born. Curie begins research on radioactivity.

1898 **June 6:** Curie finds a new chemical element, which she calls polonium.

December: Curie finds another new element, radium.

FECHAS IMPORTANTES

1867 Nace Marya Sklodowska (Marie Curie) en Varsovia, Polonia.

1876 Sofia, hermana de Marie, muere de tifus.

1878 La madre de Marie muere de tuberculosis.

1883 Marie termina la escuela y luego pasa un año en el campo.

1884 Marie vuelve a Varsovia y estudia en la Universidad Flotante.

1886 A los dieciocho años, Marie comienza a trabajar como gobernanta.

1891 A los veintitrés años, Marie sale para París para estudiar en la Sorbonne.

1893 Marie recibe un diploma en física de la Universidad de la Sorbonne.

1894 Marie conoce a Pierre Curie. Marie recibe un segundo diploma en matemáticas.

1895 **26 de julio:** Marie se casa con Pierre y se convierte en Madame Marie Curie.

8 de noviembre: Un científico alemán, llamado Wilhelm Roentgen, descubre los rayos X.

1896 Henri Becquerel descubre unos extraños rayos invisibles que vienen del uranio. Estos rayos más tarde se conocen como radioactividad.

1897 Nace Irene, la primera hija de los Curie. Curie comienza su investigación sobre la radioactividad.

1898 **6 de junio:** Curie descubre un nuevo elemento químico, que le llama polonio.

Diciembre: Marie descubre otro elemento químico, el radio.

1903	Curie is awarded a doctorate for her work on radium. The Curies and Henri Becquerel receive the Nobel Prize for Physics.
1904	The Curies' second daughter, Eve, is born.
1906	Pierre Curie is killed by a horse-drawn cart.
1911	Curie is awarded the Nobel Prize in Chemistry.
1912	**July 3:** The Radium Institute is finished.
	August 4: World War I begins.
1914–18	Curie sets up x-ray units on the battlefields to help wounded soldiers.
1921	U.S. president Harding gives Curie a gram of radium.
1926	Irene Curie marries Frédéric Joliot, a French scientist.
1934	Irene and Frédéric learn how to make artificial radium.
	July 4: Marie Curie dies of radiation sickness.
1935	Irene and Frédéric receive the Nobel Prize for Physics.

1903	Curie recibe un doctorado por su trabajo sobre el radio. Los Curie y Henri Becquerel reciben el premio Nobel en física.
1904	Nace la segunda hija de los Curie, Eve.
1906	Pierre Curie muere en un accidente con una carreta tirada por caballos.
1911	Marie Curie recibe el premio Nobel en química.
1912	**3 de julio:** Se termina el Instituto del Radio.
	4 de agosto: Comienza la Primera Guerra Mundial.
1914–18	Curie organiza las unidades de rayos X en los campos de batalla para ayudar a los soldados heridos.
1921	El presidente de los Estados Unidos, Harding, le da a Curie un gramo de radio.
1926	Irene Curie se casa con Frédéric Joliot, un científico francés.
1934	Irene y Frédéric aprenden cómo hacer radio artificial.
	4 de julio: Marie Curie muere de enfermedad por radiación.
1935	Irene y Frédéric reciben el premio Nobel en física.

GLOSSARY

Atom: The building blocks of all material in the universe. The chemical elements are made up of atoms.

Elements: The basic materials of the world. Today there are 113 known elements. Ninety of them are found in the natural world. The rest have been made by human beings.

Nobel Prize: An award given to people who have done important, original work in different subjects. It was first awarded in 1901 for physics, chemistry, medicine, literature, and peace.

Pitchblende: An ore often found with silver. Pitchblende is the main source of uranium and radium.

Polonium: A very rare radioactive element, discovered by Marie Curie.

Radiation Sickness: An illness caused by being or working around too much radiation.

Radioactivity: The rays of energy that are given off by a material as atoms of the material break up.

Radium: A highly radioactive glowing element, discovered by Marie Curie. Radium is found mostly in pitchblende and other ores that contain uranium.

Thorium: A soft radioactive element. Marie's studies of thorium led to her discovery of radium.

Uranium: A radioactive element found in pitchblende and other ores. The discovery of uranium rays led to the discovery of radium.

X-rays: A kind of invisible light that can pass through materials. X-rays were discovered by Wilhelm Roentgen in 1895.

GLOSARIO

Átomo: Los bloques fundamentales de todo material en el universo. Los elementos químicos están hechos de átomos.

Elementos: Los materiales básicos del mundo. Hoy día se conocen 113 elementos. Noventa de ellos se encuentran en el mundo natural. Los demás han sido creados por los científicos.

Enfermedad por radiación: Una enfermedad causada por estar o trabajar cerca de demasiada radiación.

Pecblenda: Un mineral que frecuentemente se encuentra junto con la plata. La pecblenda es la mayor fuente de uranio y radio.

Polonio: Un elemento radioactivo muy raro, descubierto por Marie Curie.

Premio Nobel: Un premio dado a personas que han hecho un trabajo importante y original en varias materias. Fue otorgado por primera vez en 1901, en física, química, medicina, literatura y para la paz.

Radio: Un elemento que resplandece, altamente radioactivo, descubierto por Marie Curie. El radio se encuentra generalmente junto con la pecblenda y con otros minerales que contienen uranio.

Radioactividad: Los rayos de energía que son emitidos por un material a medida que los átomos del material se rompen.

Rayos X: Un tipo de luz invisible que puede pasar a través de los materiales. Los rayos X fueron descubiertos por Wilhelm Roentgen en 1895.

Torio: Un elemento radioactivo blando. Los estudios de Marie Curie sobre el torio llevaron al descubrimiento del radio.

Uranio: Un elemento radioactivo que se encuentra junto con la pecblenda y con otros minerales. El descubrimiento de los rayos del uranio llevó al descubrimiento del radio.

INDEX

ÍNDICE

DATE DUE

JUN 0 3 2008			

#47-0108 Peel Off Pressure Sensitive